우리는 왜
서로에게
상처받을까

우리는 왜 서로에게 상처받을까

초판 1쇄 발행   2024년 12월 20일

지은이   한승민
펴낸이   정윤아
디자인   김태욱
펴낸곳   SISO

출판등록 2015년 01월 08일
이메일   siso@sisobooks.com
인스타그램 @sisobook_official
카카오톡채널   출판사SISO

정가   15,000원

ISBN 979-11-92377-36-0 03180

우리는 왜
서로에게
상처받을까

다툼과 이별하고
소중한 관계를 지키는
부부 대화의 모든 것

한승민 지음

siso

대화를 잃어버린 부부들

저는 정신건강의학 분야에서도 부부 치료를 중점으로 진료하다 보니 다양한 갈등을 겪는 부부들을 많이 만납니다. 배우자의 외도나 고부 갈등, 경제적 문제 등 심각한 갈등 상황에 처한 부부들도 있지만, 서로 대화가 잘 안 된다며 오시는 분들도 참 많아요.

내담자 중에는 수년째 배우자와 필요한 대화만 나누는 분도 있어요. 그마저도 아이와 관련된 대화만 나눈다고 해요. 원래는 사이가 그다지 나쁘지 않았는데, 부부 사이의 갈등이 해결되지 않고 계속 쌓이기만 하다 보니 서로 감정의 골이 너무 깊어져 버린 거죠. 또 대화는 많이 나누는데 상대가 원하는 만큼 이야기를 해주지 못해서 대화가 어렵다고 찾아오시는 분들도 있어요. 자신은 나름대로 열심히 소통한다고 하는데 상대 배우자는 "당신은 너무 당신 얘기를 안 한다"라며 답답해하고 마치 벽에 대고 얘기하는 것 같다고 말한다고 해요. 이처럼 요즘 부쩍 대화를 잃어버린 부부들이 참 많은 것 같다는 생각이 듭니다.

저는 가족부부연구소에서 어떤 부부의 갈등이 각 개인에게 얼마나 큰 영향을 미치는지를 공부하며 '부부 치료'라는 영역에 점점 더 큰 관심을 가지게 되었어요. 그리고 부부를 치료한다는 것은 남편과 아내를 치료하는 것과 동시에 자녀들도 함께 치료할 수 있는 역할을 해준다는 것도 알게 되었지요. 부부를 비롯해 갈등 가정에 무방비로 노출된 아이들을 함께 도울 수 있다는 사명감으로 하루하루 내담자들을 만나고 있습니다.

한국은 부부 치료의 불모지나 다름이 없습니다. '부부 갈등은 가정에서 해결해야 하는 문제다', '가정 문제를 밖에 나가서 이야기하는 것은 수치스럽다'라는 인식이 강하거든요.

심지어 부부 치료의 전문가가 정신건강의학과 의사이다 보니, 젊은 분들에게는 인식이 많이 좋아졌다 해도 정신건강의학과에서 치료받는 것을 어떤 낙인처럼 생각하는 분들이 여전히 많아요.

그래서 저는 이 책을 통해 대화를 잃어버린 부부들에게 '어떻게 하면 부부가 싸우지 않고 즐겁게 행복한 대화를 나눌 수 있을지'에 대한 이야기를 해보려고 합니다. 크고 작은 다양한 각자의 고민을 안고 저를 찾아오시는 부부들의 사례를 소개하며 비슷한 갈등을 겪고 계신 분들께 조금이나마 도움이 되었으면 좋겠다는 마음으로요. 그리고 부부가 서로 해결하지 못하는 문제에 대해서는 반드시 전문가의 도움을 받아야 한다는 점도 알려드리고 싶어요. 둘이서 해결해 보겠다고 하다가 시간만 흐르고 서로 부정적인 감정만 깊게 쌓인 뒤에 풀어내려고 하면 더 힘들고 에너지도 훨씬 많이 들거든요.

작든 크든 갈등을 봉합하는 과정은 부부에게 굉장히 힘든 일이에요. 물론 제게도 에너지가 많이 드는 일입니다. 하지만 그런 만큼 부부의 몸과 마음이 회복됐을 때 얻는 기쁨은 말할 수 없이 커요. 정말 너무너무 힘든 상황이었지만, 몇 달 동안 서로가 무척 애를 쓴 덕분에 사이가 진짜 좋아지거나 치료를 받기 전보다 훨씬 더 관계가 회복된 부부들을 보면 저도 아주 큰 에너지를 얻곤 해요. '내가 진짜 좋은 일을 하고 있구나. 누군가에게 큰 도움이 되고 있구나'라는 생각에 또 다른 부부를 만날 힘을 얻게 되는 거죠.

이 책에서는 '정신건강의 숲 TV'라는 유튜브 채널을 통해 많은 시청자분들과 나누었던 이야기 그리고 제게 개인적으로 오셔서 상담을 진행했던 분들의 사례를 통해 부부가 어떻게 다툼 없이 즐거운 대화를 나눌 수 있을지 구체적인 방법을 제시하고자 합니다. 또한 이 책에서 저는 부부가 나누어야 할 중요한 대화들을 내용 곳곳에 강조해 두었어요. 단순히 읽고 넘어가기보다 그런 부분에서 책을 덮고 배우자에게 실제로 말해보시기를 권해요. 그렇게 조금씩 연습하다 보면 어느새 배우자와 이전과는 다른 일상을 보내게 될 겁니다. 처음 시도가 힘들지 하다 보면 익숙해지고 나쁜 말이 나가기 전에 멈추고 생각하는 법도 알게 될 거예요.

수많은 부부를 상담하며 제가 깨달은 것은 '알면 할 수 있다'라는 것입니다. 이 책이 마중물이 되어 다정한 부부 사이를 되찾고 가정도 더없이 행복해지시기를 바랍니다.

목차

PART 1

우리는 왜
서로에게 상처받을까

갈등 없는 부부는 없다

결혼함과 동시에 필연적으로 갈등이라는 것은 따라 올 수 밖에 없습니다. 오죽하면 "부부 갈등은 결혼할 때 가지고 오는 혼수"라는 말까지 있을까요. 왜 부부 갈등이 생기는지에 대해서는 여러 가지 시각이 있지만 사람에게는 본능적으로 '애착 욕구'라는 것이 있어요. 애착 욕구는 가까운 사람에게 내가 소중한 사람이었으면 하는 마음, 누군가가 나를 무조건적으로 지지해 주었으면 하는, 사람이라면 누구나 가지고 있는 본능적인 욕구예요. 그래서 부부 사이에 이렇게 중요한 욕구가 좌절되면 부부 갈등이 생기게 되는 것이지요. "우리 부부는 전혀 다투지 않는다"라고 말씀하시는 분들이 있습니다. 하지만 갈등이 없는 부부가 무조건 좋은 부부인지는 한번 생각해 볼 필요가 있어요. 왜냐하면 사람은 나와 크게 상관없는 낯선 사람에게 실망하거나, 화나거나 혹은 감정이 많이 상하지 않거든요. 돌이켜보면, 우리가 가장 크게 다투는 사람들은 내 삶에서 가장 소중한 사람들이라는 점이 참 아이러니한 일입니다.

🌿 갈등이 심해지는 시기가 따로 있을까

보통 결혼 생활에서 형태가 크게 바뀔 경우에 부부 갈등이 조금 심해지는 경향이 있습니다. 예를 들어, 아이가 태어난다든지, 회사 때문에 주말부부가 된다든지, 가족 중에 누군가가 아프다면 집의 분위기와 형태가 굉장히 많이 바뀔 수 있어요. 그러다 보면 새롭게 대처해야 될 많은 일들이 생기면서 없던 갈등이 유발될 수 있지요. 그럼 부부 갈등이 기존보다 훨씬 더 커질 수 있어요. 사실 어떤 스트레스나 어려움, 고통 등 부정적인 일이 생길 때 우리는 이것을 혼자 해결하고 떠안기가 힘듭니다. 그래서 결혼한 사람에게는 이것을 의논할 상대가 배우자인 것이고요. 하지만 배우자 또한 어쩌면 비슷한 일을 겪게 될 수도 있고, 이렇게 마음의 여유를 잃은 상태에서 부부 중 한 사람이 다른 사람에게 힘든 감정을 수시로 표출한다면 그것이 갈등을 유발하는 충분한 환경이 될 수 있습니다.

갈등이 없는 부부는 없어요. 하지만 그렇다고 해서 누구나 다 부부 치료를 받을 필요는 없습니다. 사소하든 큰일이든 부부가 서로 잘 해결할 수 있고 좋은 애착 관계가 형성되어 있다면 말이죠. 싸우기도 하고 회복하기도 하는 이런 과정을 반복하는 부부들은 일반적인 경우에 해당되지만, 계속 싸우기만 하고 회복되지 않거나 한 집 안에 있어도 서로 전혀 대화가 없고 유대관계가 없는 남남과 같다면 시간이 지나도 회복되지 않을 가능성이 높아요. 그럴 때는 치료를 통해 도움을 받는 것이 좋습니다.

🌿 부부 사이가 냉담해지는 과정

갈등이 생긴 상태에서 해결하지 않은 채 그대로 방치하면 정서적인 이혼 상태로까지 진행될 수 있어요. 갈등 상황이 생겼을 때 상대방이 어떤 반응을 보이는가에 따라 갈등 양상이 단계별로 심화된다는 것을 이해할 필요가 있습니다. 그 단계는 다음과 같아요.

첫 번째는 분노하고 항의하는 거예요. 예를 들어, 옆에서 아이가 "놀아줘, 놀아줘" 하는데 아무도 놀아주지 않으면 어떤 반응을 보이나요? 장난감을 집어 던지거나 놀아줬으면 하는 대상에게 화를 내고 짜증을 냅니다. 부부도 마찬가지예요. 내 말을 배우자가 들어주지 않거나 배우자가 자꾸만 내게 잔소리를 하면 그만하라고 소리도 지르고, 왜 내 말을 안 들어주냐며 화도 내지요. 두 번째 단계는 정신없이 매달리고 찾는 것입니다. 화를 내는데도 놀아주지 않으면 아이는 이제 울고 떼를 쓰며 부모에게 매달려요. 그래도 안 놀아주면 이제 지치는 단계에 접어듭니다. 세 번째 단계가 절망과 우울이에요. 누구에게도 기대할 수 없다는 생각이 들면서 혼자 있는 방식을 선택하지요. 아니면 방에서 멍하게 있거나 심리적으로 매우 울적한 상태가 됩니다. 마지막 네 번째 단계는 '분리'입니다. 이제 부모가 옆에 있어도 본체만체해요. 냉담해지는 것이지요. 보통 애착 대상에게서 원하는 돌봄을 받지 못하면 이러한 단계로 진행되게 돼요. 성인이 되어서도 똑같습니다. 부부는 서로에게 애착 대상이며 그 대상으로부터 원하는 정서적인 교감을 얻지 못하면 결국 멀어지게 되는 것이죠.

🖋 애착 때문에 다툰다

소중한 사람에 대한 욕구인 애착은 본능이기 때문에 평생 사라지지 않습니다. 오히려 애착의 범위가 점점 확장되지요. 어렸을 때는 부모, 청년기가 되면 연인, 결혼 후에는 배우자, 아이를 낳으면 자녀로 말입니다. 또 어렸을 때는 옆에 붙어 있어야만 애착 대상으로 여겼다면 성인이 된 이후에는 배우자나 자녀가 지구 반대편에 있어도 그 사람을 떠올리는 것만으로 굉장히 편안한 감정을 느끼지요. 그런 소중한 사람과의 관계가 틀어졌다면 회복시키기 위해 무엇이라도 하겠다는 마음이 저절로 생기게 됩니다. 싸워서라도요. 연인이나 배우자와 다투는 이유가 바로 여기에 있습니다. 그래서 우리는 가까운 사람과 가장 많이 다투는 것입니다. 애착은 본능이고 그 본능은 생존에 필수적인 것이기 때문이에요. 그래서 '저 사람 마음속에 내가 없구나'라는 생각이 반복되는 부부는 점차 대화가 사라집니다. 상대방 마음속에 내가 없는데 굳이 우리가 대화를 나눌 필요가 없다고 생각하거든요. 가장 먼저 대화가 사라지고, 정서적으로 멀어지면 매사에 부딪히는 일이 생기면서 결과적으로 "우리는 성격 차이로 이혼을 생각하고 있어요"라는 말이 나오게 되는 것입니다.

'부부'라는 특별한 인간관계

우리가 직장, 모임, 학교, 종교 시설 등에서 만나는 사람과 사이가 나빠졌다면, 다른 곳으로 이동하거나 관계를 끊으면 그만입니다. 사회에서 만난 인간관계는 얼마든지 필요에 의해 맺을 수도 있고 끊을 수도 있어요. 그리고 그 관계는 다른 것으로 대부분은 대체 가능하기도 하지요. 어떤 사람과 사이가 멀어졌다 해도 다른 사람을 만나면 되니 큰 문제가 되지 않습니다. 하지만 배우자는 아니에요. 배우자와 관계가 안 좋아져서 이혼하고 다른 사람으로 대체할 수 있다고 하지만 실은 그렇게 간단한 문제가 아닙니다. 가족은 쉽게 포기하고 쉽게 다른 사람이 대신할 수 있는 상대가 아니잖아요. 그래서 가족과의 인간관계는 사회에서 맺는 인간관계보다 훨씬 복잡하고 어려워요.

한번은 어떤 내담자분이 "제가 아는 사람 남편이 외도했다는 이야기를 들었을 때 '헤어지면 되지 뭘 고민하는 거야'라고 말했던 사람인데, 막상 제가 그 일을 겪으니 이혼은 못 하겠더라고요. 그래서 이 사람을 끌고 치료받으러 왔어요"라고 말씀하신 적이 있어요. 많은 사람이 그렇게 생각하지요. "외도하는 배우자랑 어떻게 같이 살아. 당연히 이혼해야지"라고 아주 쉽게 말해요. 하지만 막상 그런 상황에 직면하면 사람들의 말처럼 그렇게 쉽게 이혼을 결정하는 사람은 드뭅니다.

내 앞에 따뜻한 물이 있고 찬물이 있다고 해볼게요. 이 두 물을 섞으면 어떻게 될까요? 네, 미지근해질 거예요. 그런데 사람의 마음은 그렇지가 않아요. 따뜻한 물에 찬물을 섞는다 해도 따뜻한 물은 여전히 그대로 따뜻하게 남아 있어요. 이 사람과 결혼 생활을 하면서 경험했던 소중한 기억들이 많잖아요. 아무리 사이가 나빠졌다 해도 그런 추억들이 단숨에 모조리 없어지는 건 아니거든요. 그러니 배우자에게 크게 실망했다 하더라도 쉽게 이별을 결정하지 못하는 것입니다.

🌿 부부 사이에는 정서적 거리가 중요하다

한국은 체면 문화가 굉장히 강합니다. 특히 사회적 지위가 높거나 알려져 있는 사람일수록 이 체면 때문에 이혼을 못 하는 부부들이 많이 있어요. 말하자면 참고 살거나 그러려니 하고 맞춰 사는 거지요. 또 자녀 때문에 이혼하지 못한다고 말하는 부부들도 굉장히 많습니다. '이혼 가정에서 자란 아이'라는 것이 한국 사회에서는 약점이 되고 손가락질받는 일이라고 생각하기 때문이에요. '혹여나 우리의 이혼으로 아이가 비뚤어지지는 않을까, 밖에 나가서 주눅 들거나 자신감을 잃지는 않을까' 하는 걱정도 섣불리 이혼을 결정하지 못하는 하나의 요소가 됩니다. 아이의 성장과 교육은 부모의 인생에서도 굉장히 중요한 일이니까요. 이렇듯 보통은 현실적인 부분과 정서적인 부분이 합쳐져서 우선은 갈등을 회복하고 극복하려는 선택을 먼저 해보게 됩니다. 그래도 정말 회복이 안 되면 이혼까지도 생각해야겠지만요.

사이가 좋았던 부부와 사이가 별로 안 좋았던 부부에게 똑같은 갈등 상황이 생겼다면 어느 쪽이 더 큰 충격을 받을까요? 사이가 좋았던 부부가 훨씬 큰 충격을 받습니다. 하지만 충격이 크더라도 사이가 좋았던 부부는 그동안 서로 쌓아온 좋은 기억이 많기 때문에 이혼이라는 선택지를 쉽게 고르지 않지요.

20년 동안 친구로 지내온 어떤 사람이 있다고 할게요. 그 친구와의 관계를 위해 아무것도 안 했다면 20년의 우정이 과연 지속될 수 있었을까요? 아니에요. 생일이 되면 연락도 하고, 선물도 주고받고, 명절에 안부도 전하고, 좋은 일이 생기면 함께 기뻐하고, 슬픈 일이 생기면 위로를 주고받은 노력이 쌓여 좋은 관계를 유지해 올 수 있었던 겁니다. '친하니까 그렇게까지 신경 쓰지 않아도 내 마음을 다 알겠지' 하는 것은 착각입니다. 부부도 마찬가지예요. 부부는 친구보다 더 가까운 사이이기 때문에 정말 노력을 많이 해야 해요.

잡은 물고기에는 먹이를 주지 않는다며 함부로 대하고, '퇴근하고 집에 가면 붙박이장처럼 매일 있으니까, 알아서 시간 되면 들어오니까' 당연하다고 생각하는 경향이 있는데 부부로 맺어진 인연이라는 것은 결코 당연하지 않거든요. 굉장히 특수한 관계예요. 사실 부부는 피도 한 방울 안 섞여 있는 사람들이잖아요. 그런데 밥도 챙겨주고, 세탁기도 돌려주고, 청소도 해주고, 같이 여행도 가고, 함께 애도 키우다니… 정말 신기한 일이에요. 다른 어떤 누가 나에게 그렇게 해줄 수 있을까요?

부부라는 관계는 참 특수하고 소중하고 재미있다는 것을 우리는 자주 잊고 살아요. 하지만 일상을 살면서 매 순간 계속 떠올려야 합니다. 그걸 잊지 않는 부부들은 굉장히 사이가 좋아요. 무엇이든 그냥 얻어지는 것은 없습니다. 부부 사이에는 물리적 거리가 아니라 정서적 거리가 중요해요. 집에 함께 붙어 있어도 말 한 마디 하지 않고 마치 이혼한 것과 마찬가지로 사는 '정서적 이혼 상태'인 부부도 있지만, 서로 다른 나라에 살아도 매일 영상으로, 목소리로 만나는 애틋한 부부도 있어요. 한 집의 소파에 앉아 있어도 냉랭한 부부가 있고, 지구 반대편에 있어도 가까운 부부가 있는 것이지요. 이는 부부 사이에 물리적 거리보다 정서적 거리가 굉장히 중요하다는 의미입니다.

🌱 부부는 서로의 충전기다

저는 부부 관계의 중요한 기능 중에 하나가 정서의 회복이라고 봅니다. 마치 충전기 같은 역할을 하는 것이지요. 만약 어떤 부부가 매우 크게 다투는 바람에 서로 며칠 동안 말도 안 하고, 집에서 데면데면한 상황이라면 일상생활도 편하지가 않고, 직장에서도 제대로 된 능력을 발휘할 수 없을 거예요. 다른 사람을 만나도 기분 좋게 웃고 즐길 수가 없겠지요. 집 생각만 하면 머리가 아프고 한숨부터 나오는 사람이 일상생활이나 직장생활뿐만 아니라 자녀의 건강한 양육까지 잘해 나갈 수 있을까요? 누가 보더라도 마음 고생을 하고 있다는 걸 단번에 알 거예요. 얼굴 표정도 어두울 거고 낯빛부터 달라지니까요. 업무에서 실수가 생길 수도 있고, 사람이 어딘가 멍해 보일 수도 있고, 누군가 불러도 온통 배우자와의 다툼 생각에 대답도 못 할 거고, 누가 봐도 엉망일 거란 말이죠.

사이가 좋으면 그 반대가 될 겁니다. 즉 대부분의 인간관계는 스트레스가 될 순 있지만 그다지 내 삶에 큰 영향을 주지는 않아요. 그런데 집은 하루 종일 스트레스를 받으며 일하고 왔을 때 재충전을 할 수 있는 곳이어야 해요. 그래야 내일 다시 일상생활로 복귀할 수 있거든요. 외부에서 큰 스트레스를 받거나 어려움을 겪고 나서 집에 돌아오면 다른 가족을 포함한 배우자는 다시 낮아진 에너지를 원래대로 회복시켜서 또 내일 하루를 잘 살아가게 만드는 그런 역할을 해줘요. 하지만 이 재충전의 기능과 휴식의 기능이 사라지면 내일이 되어도 방전된 상태로 일하는 것과 마찬가지입니다.

🌿 좋은 배우자가 되기 위해 서로 애쓰는 부부

언제나 대화가 잘 통하고, 매사 생각하는 결도 비슷하고, 남들이 다 부러워하는 잉꼬부부는 세상에 없습니다. 제가 생각하는 이상적인 부부 관계는 이런 모습이 되려고 노력하는 부부예요. '좋은 관계가 되어야지'라고 생각하는 것과 '좋은 관계가 되려고 애를 써야지'라고 생각하는 것은 굉장히 다릅니다. 전자 같은 경우는 잘 안 됐을 때 화가 나고 원망스러워서 싸우게 되지만, 후자는 잘 안 됐을 때 '더 노력해야지'라고 생각할 수 있거든요. 누구든 완벽하지 않기 때문에 계속 애를 써서 지금과 같은 상태 혹은 지금보다 더 좋은 관계로 만들어야겠다고 노력하는 부부들이 저는 이상적인 부부의 모습이라고 생각해요. 그래서 다시 한번 강조하자면, 부부는 개인의 회복과 재충전 그리고 정서에 너무나 폭넓고 다양한 영역에 영향을 미치는 아주 특수한 관계라고 말할 수 있습니다.

사랑의 감정은
지속되지 않는다

 사랑의 감정이 갖는 유효기간

대한민국 부부들이 이혼하는 사유 1위는 바로 성격 차이입니다. 기타 다른 사유들을 다 더해도 1위인 성격 차이를 뛰어넘지 못할 만큼 월등한 수치를 보여요. '성격 차이'라는 게 뭘까요? "우리는 참 안 맞아!" 이게 성격 차이입니다. 그런데 연애할 때는 성격 차이를 못 느끼다가 결혼하고 보니 상대방의 성격이 갑자기 변해서 이런 차이를 느끼게 된 걸까요? 너무 좋아하고 사랑해서 결혼했는데 그런 마음이 왜 지속되지 않는 걸까요?

우리가 어떤 사람을 만나서 호감을 갖고, 연애를 시작하고, 사랑하는 마음이 커지게 되면 제정신이 아닌 상태가 돼요. 상대에게 미치게 되는 거죠. 우리는 도파민, 노르에피네프린, 세로토닌과 같은 호르몬이 정상적인 수치에 있어야 이성적인 판단을 하는데, 사랑에 빠진 사람은 상대가 뭘 해도 사랑스럽고, 예쁘고, 멋있어 보여요.

하지만 아쉽게도 누군가에게 푹 빠지는 데에는 유효기간이 있어요. 연구마다 다르지만 보통 짧으면 1.5년, 길면 3년 정도로 봅니다. 도파민이 버틸 수 있는 최고 기간이 3년 정도인 셈이지요. 이 기간이 지나면 편해지고 익숙해지면서 그동안은 몰랐던 단점과 모난 점들이 눈에 밟히고 그로 인해 다툼이 생기며 소위 콩깍지가 벗겨지게 됩니다. 그래서 저는 가까운 미혼 친구들에게 "적어도 상대방과 사계절은 함께 보내고 나서 결혼을 약속하는 게 좋다"라고 이야기해요. 실제로 짧은 연애 기간을 거쳐 결혼한 부부의 파혼율이 높고, 함께 살면서 콩깍지가 벗겨지면 '내가 왜 이런 사람이랑 결혼을 했지?' 하는 현타가 결혼 생활 중에 찾아올 수 있거든요.

🍃 익숙한 것은 당연해진다

사랑의 감정이 지속되지 않는 또 다른 이유는 '익숙함'이에요. 사람에게 물과 공기는 정말 필요하고 소중합니다. 물은 3일만 마시지 못해도 살 수가 없어요. 공기는 말할 것도 없고요. 우리는 그만큼 익숙한 것에 대한 소중함을 잊고 살아요. 배우자도 마찬가지예요. 어쩌면 결혼 생활이 이어질수록 배우자는 내 삶에서 가장 익숙한 존재가 되어버립니다. '익숙'한 것은 점점 '당연'해지고, '당연'하다고 생각하는 것을 우리는 소중하게 여기지 않지요. 실은 배우자야말로 가장 아껴주어야 할 존재인데 당연하다고 생각하는 순간 함부로 다뤄요. 보통 우리는 가족들에게 함부로 대하는 경향성이 있습니다. 밖에 나가서는 예의 바르게 행동하는 사람이 집에 있는 가족들에게는 자주 화를 내고 상처를 줄 만큼의 막말을 하는 경우가 많은 것처럼요.

또한 '관계는 반복되면서 강화되는 경향성'이 있어요. 사이가 좋을 때는 긍정적인 피드백을 주고받으면서 양성 강화를 많이 하지만, 반대로 사이가 나쁠 때는 서로 부정적인 피드백을 주고받으면서 안 좋은 쪽으로 강화가 계속됩니다. 그래서 사이가 좋은 부부는 나이가 들수록 계속 더 좋아지고, 반면 어떤 부부는 나이를 먹으면서 상처가 계속 누적되어 결국 풀기 어려워지는 수준까지 가게 돼요. 즉 많이 다투는 부부들은 서로 안 좋은 영향들을 계속해서 주고받으면서 거기에 익숙해지는 경향성이 있다는 것이지요.

🍃 부부 싸움은 칼로 물 베기?

문화적인 것도 영향을 많이 줍니다. 우리나라 속담에 '부부 싸움은 칼로 물 베기다'라는 말이 있어요. 부부 사이에는 싸움을 해도 쉽게 화해할 수 있다는 의미이지요. 부부끼리 싸우거나 다투는 것은 굉장히 당연하고, 별로 대수롭지 않은 일이라고 인식하는 경향이 굉장히 큰 것 같아요. 하지만 이건 이제 옛날이야기죠. 가부장적인 사회에서 아내는 늘 남편에게 복종해야 하고, 아무리 크게 다투어도 이혼이라는 것은 생각지도 못하던 구시대에서나 가능했던 사고방식입니다.

부부 싸움은 개인의 삶에도, 아이에게도, 다른 가족들에게도 너무나 큰 상처를 남기는 행위예요. 아직 한국에서는 부부가 싸워도 주변에 이야기하지 못하고, 두 사람 사이에서만 해결해야 한다는 관념이 커요. 외부의 도움을 받는 걸 부

끄러워하고 수치스러워하는 문화가 자리를 잡고 있지요. 부
부간의 노력으로 해결이 어렵다면 당연히 전문가의 도움이
필요해요. 그걸 하지 않으니 관계가 점점 악화되고 계속해서
상처가 강화되고만 있는 것입니다.

🍃 긍정적인 부부 사이가 많은 문제를 해결한다

　진료실에서 만나는 부부들은 단순히 부부 관계가 깨져서
오는 것만은 아니에요. 부부 중 한 명 혹은 두 명 다 보통은
우울증인 상태로 찾아옵니다. 부부 사이에 갈등의 골이 깊어
서 우울증이 오래된 경우나 어디 가서 말도 못 하고 도움을
받지 못해 만성화된 경우도 많아요. 사실 친구나 아무리 친
한 사람이라도 "나 요즘 이런 문제 때문에 힘들어"라고 털어
놓기는 굉장히 어려운 일입니다. 그래서 한참 동안이나 곪을
대로 곪다가 '이대로는 안 되겠다' 싶을 때가 되어서야 진료
를 받으러 오시지요.
　그런데 신기하게도 이런 부부들을 상담하고 치료하다 보
면 서로의 관계가 좋아지는 것만으로도, 절대 좋아지지 않을
것 같던 그 우울감이 굉장히 빠른 속도로 회복되는 것을 볼

수 있어요. '부부 사이의 관계를 해결하는 것만으로도 병이 낫는구나. 이 방법이 옳은 거구나!'를 알 수 있게 되지요.

우리나라에서는 연구가 활발하진 않지만, 해외에서 연구된 사례를 보면 가정에서 부부 사이가 좋은 사람들이 훨씬 더 높은 연봉을 받고, 사회적으로도 성공했다는 통계가 있어요. 화목한 가정에서 생활하는 사람들이 훨씬 더 좋은 능력을 발휘한다는 것이죠. 그래서 한 개인의 삶을 위해서 부부 관계를 좋게 만드는 것만으로도 굉장히 많은 문제를 해결할 수 있어요.

내 배우자를 잘 안다는 착각

"제가 이 사람이랑 같이 산 세월이 얼만데요. 말 안 해도 이 사람은 제가 잘 알죠."

"이 사람이랑 20년을 살았어요. 웬만한 건 다 알아요."

부부 치료를 하다 보면 서로에 대해 매우 잘 안다고 말하는 부부들이 많습니다. 말을 하지 않아도, 표정만 봐도 상대방이 뭘 원하는지, 뭘 말하는지 너무나 잘 알고 있는데 그들은 왜 자꾸만 다투게 되는 것일까요? 바로 '상대방을 잘 안다'라는 착각에 빠져 있기 때문입니다. 잘 안다는 그 생각이 상대방을 이해하는 데 방해가 되는 것이죠. 안다고 생각하니 서로의 말을 잘 들어주지도 않고 무시하고 비난하는 일이 잦아지는 것입니다.

오히려 '나는 이 사람에 대해 잘 모른다'라고 생각하는 것이 배우자를 이해하는 데에는 더 도움이 됩니다. 대부분의 사람은 평생 자기 자신에 대해서도 온전히 다 이해하지 못하고 살아요. 그러니 '나는 상대방에 대해서 다 안다'라고 생각하는 것은 너무나 큰 착각과 자만이 아닐 수 없습니다. 우리는 상대방이 아무리 가까운 사이라 해도 그 사람에 대해 다 알지 못해요. 오랜 치료를 통해 치유되고 회복된 부부들은 하나같이 "제가 그동안 이 사람에 대해 잘 몰랐네요"라는 말을 가장 많이 합니다. 그만큼 부부 사이에 깊은 대화가 없었다는 뜻이겠지요.

🌿 남성과 여성의 뇌는 다르다

남성과 여성은 뇌 구조에서도 차이가 좀 있습니다. 모든 사람이 그렇지는 않지만, 남성이 여성에 비해 조금 더 이성적인 경우가 많고요. 반면 여성은 좀 더 정서적인 면이 있습니다. 진화적으로 남성은 플랜을 세우는 게 생존에 굉장히 중요했어요. '언제 사냥을 나가고, 언제 이동을 하고, 누굴 적으로 두고, 누구와 같은 편을 해야 할지, 뒤통수를 당하지는 않을지' 등 계획을 세우고 문제를 해결하는 것이 개인과 가족, 집단의 생존을 좌우했기 때문이에요. 그러려면 매우 이성적이어야 하겠지요. 요즘은 여성도 직업을 가지고 경제활동을 하지만 수십만 년 전부터 여성의 주된 역할은 양육이었습니다. 아이를 비롯한 가족을 돌보고 정서적으로 교감하는 일이 많았지요. 그렇게 각자의 역할에 따라 뇌의 기능이 오랫동안 굳어져 왔습니다.

배우자와 이런 대화 많이 나눠보셨나요? 아내가 회사에서 속상한 일을 남편에게 털어놓고 있습니다.

"여보, 나 오늘 회사에서 엄청 스트레스 받는 일이 있었어. 내 문제도 아니고, 내가 잘못한 것도 아닌데 팀장이 엄청 쏘아붙이더라고. 그리고 개인 톡으로 해도 될 얘기를 단체 메신저에 뭐가 틀렸다고 막 지적하는 거야. 어찌나 열받던지…."

"뭐? 그게 누군데! 어느 팀 팀장이야? 내가 가서 다 뒤집어 놓을까?"

"됐어. 당신이 가서 뭘 어쩔 건데?"

"그런 문제가 있으면 가서 따져야 할 거 아니야! 왜 당하고

만 있어? 어떤 놈인데? 내가 가서 다 뒤집어 엎을까?"

"아니, 당신이 가서 화내고 뒤집어 놓으면 뭐가 해결되는
데? 그럼 나는 어떻게 회사를 다녀? 그냥 들어주고 위로해주
면 안 돼?"

"위로가 무슨 소용이야! 위로하면 그게 해결이 돼?"

직장에서 스트레스를 받는 일이 있어 남편에게 털어놓은
아내가 정말 원하는 것은 무엇일까요?

"오늘 회사에서 그런 일이 있었구나. 정말 힘들었겠다. 여
보, 나 같아도 너무 기분 나빴을 것 같아. 오늘 하루 종일 얼
마나 기분이 안 좋았을까."

이 한마디뿐입니다. 아내가 이렇게 투정을 부리고 자신이
겪었던 억울함에 대해 이야기하는 건 가서 싸워달라는 게 아
니라 '내가 너무 속상하니 당신이 내 편을 들어주고 지지해
줘. 나를 정서적으로 아껴줘'라는 거잖아요. 아내는 사실 그
것만 확인되어도 스트레스가 눈 녹듯이 사라졌을 겁니다. 그
러나 아내도 진짜 들여다봐야 할 부분이 있어요. 남편이 성
격 파탄자에다 공감 능력을 상실해서 그런 반응을 보이는 게
아니라는 점이죠. 나의 소중한 아내가 회사에서 속상한 일을

겪었으니 해결해주고 싶은 거예요. 남편이 화를 내고 찾아가서 뒤집어 놓겠다고 하는 건 협박이 아니라 아내가 또다시 그런 고통을 겪지 않았으면 좋겠다는 따뜻한 마음에서 온 것임을 이해할 필요가 있습니다.

🌿 연습하면 누구나 변화할 수 있다

결국 두 사람이 이렇게 다른 방식으로 상대방의 도움을 필요로 하고, 상대방을 돕고 싶어 한다는 점을 알려주면 꽤 많은 것들이 해결되는 것을 알 수 있습니다. 하지만 우리는 그 사실을 잊고 살아요. 남편이 길길이 날뛰는 게 다 나를 위해서라는 것을, 아내가 나를 진짜 믿고 의지하기 때문에 내가 들어주는 것만으로도 굉장한 힘을 얻는다는 것을 순간 잊는 거죠. 이런 대화가 반복될 때, 잠시 멈추고 이렇게 생각하면 텐션이 훅 내려가면서 다투는 일이 사라지게 돼요.

'아 맞다. 이거 아니지. 내가 이야기를 들어주는 것만으로 아내는 굉장히 좋아졌었지.'
'이 사람이 이렇게 길길이 날뛰는 거 다 나를 아껴서 이러

는 거지.'

    제가 이렇게 알려드리면 '너무 이상적인 솔루션 아니야?', '대화를 시작하면 감정부터 상하는데 이게 과연 될까?', '배우자랑 전혀 소통이 안 되는데 가능할까?'라고 생각하시는 분들이 많습니다. 하지만 저는 확실히 말씀드릴 수 있어요. 어느 쪽이든 먼저 시작하면 배우자도 변화합니다. 저는 그런 사례를 너무나 많이 봐와서 확신할 수 있어요. 처음 한두 번이 힘들지 하다 보면 말하기 전에 '아, 이렇게 말하면 안 되지' 하고 멈추는 법도 알게 되고, 그동안 내가 얼마나 잘못 말하고 있었는지 깨닫게 되면 다시 예전으로 돌아가지 않습니다. 이전과는 정말 다른 결혼 생활이 펼쳐질 거예요.

    우리는 몰라서 못 하는 겁니다. 그리고 머리로 '아, 그렇구나' 하고 이해하는 것은 아무 쓸모가 없어요. 우리가 "자전거는 페달에 발을 올리고 이렇게 돌리면서 타는 거야"라는 말을 들어도 직접 타보지 않으면 자전거를 탈 줄 모르는 것과 같습니다. 우리는 이 자리에서 많은 것을 연습해야 해요. 저는 독자분들이 단순히 이 책을 '아, 이렇게 하라는 거구나. 알겠어' 하고 읽어 넘기지 않기를 바랍니다. 실제로 배우자에게 말해보고, 반응을 살펴보고, 자꾸 해보고 실패하고 또 시도해

보는 시행착오가 필요해요. 마치 의식하지 않고 자전거를 타게 되듯이 상대방의 마음을 서로 이해해주는 것이 익숙해졌을 때야말로 진짜 알게 되는 것입니다. 그러려면 꽤 긴 시간이 필요할지도 모르지요.

소중하기 때문에 다툰다

생각해보면 우리가 친구나 직장 동료와 다투는 일은 거의 없거나 드뭅니다. 상대방이 나에게 너무 잘해주기 때문에 다투지 않는 걸까요? 아니에요. 직장에서도 사실 엉망이고 제멋대로인 사람들이 많지요. 아무렇지 않게 나에게 모욕을 주고 비난하는 상사, 내가 지시를 하는데도 듣는 둥 마는 둥 쳐다보지도 않는 후배, 자기 살길 찾느라 나를 짓밟고 올라가려 하는 동기…. 하지만 그렇다고 해서 우리가 그 사람들과 치고받으며 싸우지는 않아요. 화가 나지만 가능하면 참으려고 하고 못 본 척 넘어가려 하지요. 그 이유는 나에게 별로 소중한 사람이 아니기 때문이에요.

　다시 말해, 소중하지 않은 사람들에게는 기대하는 바가 별로 없다는 의미입니다. 그런데 우리는 배우자에게만큼은 굳이 말을 안 해도 알아줘야 한다는 높은 기대감을 가지고 있어요.

　최근에 배우자와 다툰 적이 있나요? 있다면 뭐 때문에 다투셨나요?

　진료실에서 부부가 다투었다는 이야기를 들어보면 싸운 건 기억이 나는데 뭐 때문에 싸웠는지는 기억을 못 하는 부부들이 참 많아요. 너무 사소해서 기억조차 하지 못하는 거죠. 예를 들어, 부부가 굉장히 크게 싸웠어요. 막 치고받고, 욕하고, 물건까지 막 집어 던지면서요. 그런데 그 싸움의 시작으로 거슬러 올라가 보면 "내가 치약 중간부터 짜서 쓰지 말랬잖아. 그게 그렇게 어려워? 이거 썼으면 뚜껑 닫아야지. 왜 안 닫아? 내 말이 우스워?" 이런 말로 시작되는 경우가 대부분이에요. 별일도 아니고 싸울 일도 아닌데 크게 다투게 되는 거죠. 왜냐하면 상대방이 나에게 중요한 사람이라서 그래요.

　참 역설적이죠? 앞서도 말했지만 살면서 가장 심하게 다툰 사람들은 나와 가장 가깝고 소중한 사람들이라는 사실이

모순적인 부분이에요. 어렸을 때는 부모가 그렇고, 연애할 때는 연인이 그렇고, 결혼하면 배우자, 아이를 낳으면 자식에게 그렇게 하게 돼요. 제일 소중한 사람의 순서가 제일 심하게 싸운 사람의 순서와 똑같다는 게 참 이상한 일이죠? 사람은 나에게 소중하면 목숨을 걸고 싸우게 되어 있어요. 여기에도 분명한 이유가 있습니다.

🌿 '애착'은 '생존'과 직결된다

'애착'이라는 것은 사람을 포함한 동물들의 생존에 있어서 아주 필수적인 요소예요. 애착은 내가 누군가에게 아낌을 받고 사랑받는 것에 만족감을 느끼는 감정이에요. 애착은 선택이 아니라 생존과 직결되어 있는 본능이에요. 이와 관련된 실험을 하나 소개합니다.

미국의 심리학자 해리 할로우는 자신의 불우했던 결혼 생활로 인해 '사랑'이라는 주제에 관심을 갖기 시작하고, 한 실험을 계획합니다. 인간과 유전자가 96% 일치한다는 붉은털원숭이를 대상으로 '접촉과 사랑'의 연관성에 대해 관찰했지요. 그는 태어난 지 몇 시간 되지 않은 붉은털원숭이의 새끼를 어미와 떨어뜨리고 두 개의 가짜 어미를 만듭니다. 하나는 부드러운 감촉을 느낄 수 있는 헝겊으로 만들었지만 먹이는 전혀 없었고, 다른 하나는 차갑고 딱딱한 철사로 만든 어미였지만 먹이를 가지고 있었어요.

해리 할로우가 이런 실험을 계획한 이유는 무엇이었을까요? 당시만 해도 아기가 엄마를 사랑하는 이유는 배고픔을 해결해주기 때문이라는 학설이 지배적이었기 때문이에요. 해리 할로우는 정말 그런지 확인하고 싶었던 거죠. 결과는 뜻밖이었습니다. 새끼 원숭이들은 대부분의 시간을 부드러운 천이 감긴 헝겊 어미와 보냈어요. 그러다 정말 배가 고파지면 잠깐 철사 어미에 달린 젖을 빨아 먹고는 다시 돌아왔지요. 이로써 해리 할로우는 보상과 상관 없이 아기가 엄마의 품에서 안정과 편안함을 느끼고, 스킨십을 하며 관계를 형성해 간다는 걸 알아냈어요.

또 새끼 원숭이를 두 그룹으로 나누어 한 그룹은 철사 어미와만, 다른 그룹은 헝겊 어미와만 지내도록 했어요. 그러고는 똑같이 불안한 상황을 제시했습니다. 그러자 헝겊 어미와 있었던 원숭이들은 바로 헝겊 어미에게 달려가 상황이 마무리될 때까지 붙어 있었던 반면, 철사 어미와 있던 원숭이들은 소리를 지르거나 구르는 등의 자폐성 행동을 보였어요.

헝겊 어미에 전기가 흐르게 하거나 날카로운 가시를 붙여도 원숭이들은 계속 헝겊 어미에게 붙어 있었지요. 더 놀라운 것은 철사 어미에게서 자란 원숭이들은 실험 후 병에 걸리거나 무리에 섞여 지내지 못하는 등 심각한 장애를 겪었어요. 이로써 엄마와의 접촉이 없으면 아이는 정상적으로 성장할 수 없다는 사실도 알 수 있었지요. 즉 애착을 받지 못했을 때 생물의 생존율이 얼마나 떨어지는가 하는 것들을 잘 설명한 실험이었습니다.

영국의 정신분석가이자 의사인 존 볼비도 어린 시절의 엄마와 아이 사이에 안정적인 상호관계가 정상적인 심리발달에 중요한 역할을 한다는 것을 입증했고, 이를 '애착이론'으로 정리했습니다. 이처럼 애착이 개인에게 얼마나 중요한가를 생각해보면 누군가에게 아낌을 받고 사랑받는다는 건 본능적인 거예요. 이 본능은 생존과 직결되어 있지요. 그래서 우리는 생존의 위협이 되는 것에 강하게 저항해요. 당장 먹을 것이 부족한데 이것마저 누군가 빼앗아 가려고 하면 우리는 목숨을 걸고 싸울 수밖에 없어요. 그게 없으면 죽으니까요.

즉 직장 동료 때문에 기분이 나쁜 것은 생존을 위협하지 않지만, 나와 가장 가까운 사람과 갈등이 생겨서 내가 애착에 위협을 받으면 생존과 직결된 본능을 자극하기 때문에 목

숨을 걸고 싸우게 돼요. 그러니까 집 안의 물건들이 막 날아
다닐 수밖에요.

이처럼 우리는 안전이나 생존에 필수적인 것을 얻기 위해
서라면 목숨을 걸고 투쟁을 합니다. 부부 사이에서 다투는 것
도 같은 이유예요. 누군가에게 사랑하는 마음을 잃는다는 것
은 생존에 직접적인 위협을 받는 것과 같아요. 그래서 '배우
자에게 내가 사랑을 못 받고 있다.' 즉 '애착을 받지 못하니 목
숨을 걸고 투쟁해야 한다'로 본능적으로 연결되는 것이지요.

🍃 부부 싸움의 원인은
'나는 의미 없는 존재인가?'라는 감정

예를 들어, 내가 "치약을 중간부터 짜지 말고 끝에서부터
짜!"라고 말했어요. 그런데 배우자는 치약을 중간부터 짜는
습관을 고치지 않고 계속 하던 대로 해요. 내가 아무리 말해
도 배우자는 계속 그 행동을 반복하지요. "아니, 내가 당신한
테 치약을 중간부터 짜지 말고 끝에서부터 짜라고 몇 번 얘
기했어?"가 나오면 배우자는 이제 뭐라고 받아치게 될까요?

"치약을 어디서부터 짜는 게 뭐가 중요해! 그럼 당신도 중

간부터 짜든가!"

얼핏 생각하면 치약 때문에 싸우는 거라고 볼 수 있지만, 치약이 싸움의 직접적인 원인은 아닙니다. 이렇게 용어를 바꿔볼까요?

"당신은 내가 계속해서 말하는데 왜 듣지를 않는 거야? 당신한테 나는 아무것도 아니구나. 내가 당신에게 정말 소중한 사람이라면 내 말을 당신이 절대 무시하지 않을 거야. 나란 존재는 당신한테 굉장히 하찮구나."

감정은 생각보다 훨씬 앞서 있어요. 아주 순식간이지요. 감정보다 빠른 생각은 없어요. 우리가 모두 다 이성적으로 생각한다고 하지만 이성은 언제나 감정보다 속도가 항상 느려요.

부부 치료를 위해 수많은 부부와 대화를 나누다 보면 공통적으로 보이는 것이 바로 '애착 손상'이에요. '당신한테 나는 아무것도 아닌가 보다'라고 느껴지는 지점에 닿으면 아무리 순한 사람도 폭발하게 되지요. 결국 우리는 치약 때문에 싸우는 게 아니라 '내가 상대에게 아무 의미가 없는 존재인가'라는 감정을 느끼는 애착 손상을 입은 순간에 싸우게 되는 것임을 이해하셨으면 좋겠습니다.

아이가 태어나면
부부도 달라진다

가끔 아직 자녀 계획이 없거나 결혼을 앞두고 상담을 받는 부부들에게서 가장 많이 듣는 질문이 이겁니다.

"아이를 낳고 나면 부부가 더 많이 다투고 그러나요?"

제 대답은 "네, 몹시 그렇죠!"예요. 이것에는 분명한 이유가 있습니다. 예를 들어 볼게요.

어떤 부부가 맞벌이를 해서 월 600만 원 정도를 번다고 할게요. 600만 원이면 부부가 먹고 생활하는 데에는 큰 문제가 없습니다. 그런데 갑자기 한 사람이 실직을 했다면 급여가 월 300만 원으로 반토막이 나겠지요. 그러면 대출 이자 내고,

관리비 내고, 공과금 내고 하다 보면 생활비가 빠듯해질 거예요. 아무래도 둘이 벌 때보다 먹고 싶은 것도 덜 먹어야 하고, 사고 싶은 것도 못 사게 되고, 여행도 줄여야 하니 스트레스가 확 늘어날 수밖에 없습니다. 만약 그마저도 회사 사정이 어려워져서 이번 달에는 150만 원만 받아서 생활해야 한다면 아마 더 다투게 되겠지요.

🍃 여유가 줄면 관계가 악화된다

'돈'이라는 것은 어떻게 보면 '여유'를 의미합니다. 우리가 여유를 잃으면 마음이 각박해지고, 이해심도 줄어들잖아요. 자연스럽게 관계도 악화돼요. 수입이 많다고 해서 싸우지 않는 것은 아니지만, 경제적으로 너무 쪼들리거나 궁핍한 상황이 되면 아무래도 많이 싸울 수밖에 없어요. 그런데 한 사람이 가진 시간과 에너지라는 자원도 돈과 마찬가지로 여유를 결정짓는 데 꽤 중요한 요소예요.

부부가 둘이 살다가 아이가 태어나면 부모로서 어떻게 해야 할지 우왕좌왕하고, 아이를 어떻게 케어해야 할지 몰라 당황하면서 하루하루를 보내게 돼요. 특히 아이가 어릴수록 더 손이 많이 가지요. 분유도 타야 하고, 기저귀도 갈아줘야 하고, 밤낮없이 2시간마다 수유도 해야 하고 등등 할 일이 참 많아요. 그러니 잉여 에너지가 없죠. 하루가 너무 정신없다 보니 시간도 삭제돼요. 여유가 사라진 상황의 관계에서는 당연히 다툼이 늘어납니다.

그리고 아이가 태어나면 엄마와 아빠는 예민해지죠. 여성은 임신한 순간부터 출산을 해서도 예민한 사람이 돼요. 진화적으로 예민한 엄마가 되는 것이 자녀의 생존율을 올리거든요. 원래 한 번 잠에 들면 절대 안 깨던 사람인데, 아이가 태어나서 조금 뒤척이기만 해도 바로 깨어나는 사람으로 바뀌는 거죠. 그만큼 예민해져요.

남편 역시 아빠가 되면 외부 상황에 굉장히 예민해집니다. 가족 중 아주 약한 아이가 태어났으니 가족을 지키기 위해 책임감이 커지고 그만큼 부담감이 커지니 예민해질 수밖에 없지요. 즉 아이가 생기면 시간을 잃고, 에너지도 부족해지는 데다가, 두 사람이 모두 예민해지니 부부가 훨씬 많이 다투게 되는 건 당연한 거예요. 이것이 당연한 줄 알면 "힘들어서 저러는구나" 하고 이해하며 싸움을 줄일 수 있어요.

특히 아내들이 "아이 태어나고부터 남편이 변했어요"라는 이야기를 많이 해요. 실제로 변한 게 맞아요. 더 책임감 있는 사람으로 변한 것이죠. 가족이 늘면 보통 돈을 버는 사람들은 스트레스가 늘어요. 돈 계산도 더 많이 하고요. 혼자 사는 사람보다 결혼한 남자가 훨씬 더 돈에 예민해집니다. 거기다 자녀가 생기면 훨씬 더 예민해지고, 자녀가 둘이 되면 더더욱 예민해지죠. 원시 시대 때는 '내가 사냥하는 게 부족해지지 않을까'에 대한 막연한 두려움이었다면 지금은 사냥감이 아니라 돈으로 바뀌었을 뿐이에요.

🍃 대화로 극복할 수 있다

저도 첫째가 태어났을 때 아내와 갈등이 있었어요. 둘 다 직장생활을 하고 있었지만 아이 출산 후 아내는 육아휴직을 했고요. 저는 직장생활도 하면서 아이 양육에도 참여해야 하는데 아무래도 제가 덜 적극적으로 참여하게 될 수밖에 없었지요. 아내는 출근해야 하는 저를 배려해 준다고 새벽에도 열심히 아이를 돌봐주는 일이 많았고, 저는 낮에 또 열심히 일해야 되니 이전보다는 갈등이 좀 커지게 되었어요. 그래서 아내와 이야기를 많이 나누려고 했지요. 서로에게 무엇이 서운하고, 무엇을 바라는지에 대해 얘기하면서 건강한 방법으로 그 시기를 극복하려 노력했어요.

결국 대화에서 가장 중요한 것은 무언가를 자꾸 말하는 것이 아니에요. 그보다는 듣는 것이 훨씬 더 중요합니다. 부부가 마주 앉았는데 할 말이 없다면 무슨 말을 할지보다 상대방이 어떤 말을 편하게 할 수 있을지 적극적으로 물어봐주고, "혹시 이런 말을 나에게 하고 싶은 것은 아니었어?" 하고 먼저 내가 질문해주고 나서 진심으로 들어주는 자세가 중요한 것이죠. 얼마나 많은 말을 하는가보다는 상대방의 말을 내가 어떻게 들어줄 수 있는지가 좋은 대화의 핵심입니다.

잔소리하는 아내,
귀를 막는 남편

"여보, 우리 얘기 좀 해!"

아내의 이 말만큼 남편의 심장을 철렁하게 하는 말은 없지요.

매번 소통이 힘들다는 결혼 15년 차 부부가 상담을 요청했습니다. 남편은 아내가 제발 자신을 가만히 좀 내버려 뒀으면 하는 마음이 굴뚝 같은 분이었고, 아내는 "한 번이라도 남편과 속 시원하게 대화해 보면 정말 소원이 없겠다"라는 말을 입에 달고 사시는 분이었어요. 아내는 남편과 대화가 전혀 통하지 않는다는 것이 불만이었고, 남편은 아내가 지난번에 했던 잔소리를 계속해서 반복하니 너무 짜증이 난다고 하소연했어요.

하루는 남편이 퇴근 후 거래처와의 술 약속으로 귀가가 늦었습니다. 다음 날 아침 일어나자마자 아내가 말합니다.

"우리 얘기 좀 해."

"지금 피곤해. 나중에 이야기해."

"어제 몇 시에 들어왔어? 대체 몇 번째야?"

"…."

"당신 지금 내 얘기 듣고 있어?"

"어휴, 내가 놀다가 늦게 들어와? 제발 그만 좀 해!"

많은 경우에 남편들은 이러한 상황에서 싸우지 않고 넘어가는 게 가정의 평화를 위해 가장 좋은 해결책이라고 생각하는 경향이 있어요. 이렇게 소극적인 특징을 가진 사람들을 부부 관계에서는 '위축자'라고 해요. 위축자들은 배우자와 큰소리로 다투는 것을 너무나 싫어합니다. 그래서 어떻게든 그 상황을 피하려고 애를 쓰지요.

반면 아내들은 문제가 해결되지 않고 상황이 바뀌지 않으면 다음에도 이런 문제가 계속 반복될 거라고 생각하기에 꼭 풀어야 한다는 경향성이 있어요. 이처럼 해결을 위해 배우자와 적극적으로 대화를 시도하려고 애쓰는 사람을 '추적자'라고 불러요. 추적자들은 부부 사이가 더 좋아질 것을 기대하면서 문제를 해결하고자 계속 대화를 시도하는 거죠. 하지만 이 추적자들은 위축자들이 문제를 풀기 위한 아무런 애를 쓰지 않는다고 오해하기도 해요. 왜냐하면 본인은 관계를 해결하기 위해 계속해서 대화를 시도하고 문제를 해결하고자 노력하는데 상대방은 계속해서 도망만 다니니까요.

🍃 위축자들의 남모를 노력

우리가 생각해봐야 할 것은 위축자들 또한 추적자들만큼이 관계를 지키기 위해서 애를 쓰고 있다는 거예요. 과거 수차례 비슷한 상황에서 아내에게 뭔가를 설명했는데도 불구하고 매번 싸움으로 끝이 났고, 냉랭한 분위기가 며칠간 지속되었던 기억이 너무나 끔찍했던 것이지요. 그래서 우리 관계를 지키기 위해서는 싸우지 않는 것이 최선이고 다투지 않기 위해 자리를 피하는 거예요.

진료실에서 이런 유형의 부부를 치료하면서 흥미로웠던 점은 위축자가 한번 말이 터지기 시작하면 하고 싶었던 이야기가 계속해서 나온다는 것이었습니다. 추적자의 말에 아무런 대꾸를 하지 않는 사람인 줄만 알았는데, 여태 할 말이 목구멍까지 올라왔다가 스스로 삭히기를 반복했다면서 자기가 가장 싫어하는 것이 '싸움'이라고 말하기 시작해요. 부부가 싸우는 것이 우리 가정에서 일어나는 가장 나쁜 일이기 때문에 자신도 가정의 평화를 위해 최선을 다했다는 것이지요. 부부가 진료실에 찾아오지 않았다면 추적자인 아내는 남편의 진짜 마음을 절대 알지 못했을 겁니다.

🍃 부부 소통 문제의 해결법

부부가 반드시 기억해야 하는 것은 자신의 행동이 배우자의 행동을 강화한다는 사실이에요. 배우자가 내게 말을 하는데 아무런 대꾸도 않고 가만히 있으면 어떻게 될까요? 목소리가 상대방에게 전달되도록 더 크게 내는 수밖에 없어요. 큰 소리로 말을 하고, 더 자극적으로 이야기하고, 화도 내야 상대방이 내 이야기를 그나마 들어줄 거라고 생각하기 때문이에요. 상대방 또한 원치 않는 큰 목소리를 계속해서 듣게 되면 귀를 더 세게 틀어막거나 멀리 도망가는 수밖에 없어요. 그래야 다투지 않고 가정의 평화를 지킬 수 있으니까요. 결국 한 사람은 자기 목소리를 전달하기 위해서 점점 큰 소리를 내게 되고, 다른 한 사람은 점점 커지는 목소리를 피해서 점차 멀어지게 되는 것이지요. 남편이 아내를 소리치게 만들었고, 아내가 남편의 귀를 틀어막게 만들었다는 것을 우리는 이제 이해해야 합니다.

그렇다면 이러한 관계에 놓인 부부가 문제를 해결하기 위해서는 어떤 노력을 해보면 좋을까요?

내가 만약 추적자에 해당한다면 배우자가 우리 두 사람의 평화를 위해서 멀리 도망치는 것임을 먼저 인정해주세요. 내 이야기를 듣기 싫은 것이 아니라 실은 싸우고 싶지 않아서라는 것을, 우리 관계를 안정적으로 유지하려 애쓰고 있다는 것을 내가 알고 있다고 이야기를 해줬으면 좋겠어요. 예를 들어, 이렇게 말하는 거죠.

"당신이 나랑 싸우고 싶지 않아서 피하려 했다는 것을 알아. 오늘 내가 큰 소리 내지 않고 말할 테니까 당신도 내 얘기를 충분히 들어줬으면 좋겠어."

이렇게 말하면 위축자였던 남편이 "당신, 무슨 일 있어? 왜 그래?" 하면서 보던 TV를 끄고 자세를 고쳐 앉을지도 몰라요. 내가 만약 위축자에 해당한다면 배우자에게 이렇게 말할 수 있겠지요.

*"내가 당신 얘기를 여태 너무 안 들었지? 당신 얘기를 좀
듣고 싶은데, 혹시 지금 뭐가 속상한지 나한테 말해줄 수 있
어?"*

　아마 이렇게 말하면 추적자였던 아내가 "당신, 오늘 왜 그
래? 뭐 잘못했어?" 하며 깜짝 놀랄지도 몰라요. 내가 위축자
의 모습을 내려놓는다면 상대방 역시 더 이상 추적자일 필요
가 없게 됩니다. 상대가 호응하거나 반응하기를 바라면서 상
대를 비난하거나 큰 소리를 내는 일을 비로소 멈추게 되는
것이지요.
　중요한 것은 배우자에게 애착을 얻고자 노력하고, 편안한
관계를 유지하고자 하는 마음은 나도 배우자도 똑같다는 것
을 기억해야 된다는 것이에요. 화내는 추적자도 실은 사랑받
고 싶은 사람이고, 도망가는 위축자도 관계를 지키고자 했다
는 것을 이해한다면 조금 더 너그럽게 소통할 수 있지 않을
까 생각합니다.

🌿 치료가 어려워지는 경우

추적자인 아내와 위축자인 남편을 예로 들었지만, 남편이 추적자, 아내가 위축자인 경우처럼 얼마든지 바뀔 수도 있어요. 또한 두 사람 모두 추적자 혹은 두 사람 모두 위축자일 수도 있지요. 굳이 부부가 아니라도 연애하는 어떤 상대 혹은 동성끼리 만나는 커플 안에서도 얼마든지 추적자, 위축자가 달라질 수 있어요. 굳이 성별에 고정된 것은 아니에요.

간혹 위축자에게 "잔소리 듣기 싫으니까 자기 마음대로 하는 게 아닐까?", "내 배우자가 우리 관계를 지키기 위해서 대화를 하지 않는다고? 아닐걸?", "그냥 다 귀찮고 책임지기 싫어서 도망만 다니는 것 같은데…"라는 의문을 품는 사람들도 있어요.

그럼 상대방도 같은 생각을 하고 있을 수 있어요. "내 배우자가 우리 두 사람의 관계를 더 좋아지게 하기 위해서 나한테 저렇게 화를 내고 잔소리를 한다고? 이해할 수 없어", "그냥 내가 하는 게 다 마음에 안 들어서 그런 거겠지", "저 사람은 맨날 화내고 짜증 내고 시비만 거는 사람이야"라고요. 왜냐하면 이런 대화를 나눠본 적이 없는 부부는 서로 '나는 옳고 상대방은 틀렸다'라고만 생각하기 때문입니다.

부부 상담을 하면서 가장 많이 볼 수 있는 케이스가 앞에서 살펴본 추적자, 위축자 부부들이에요. 사실 이런 경우는 갈등을 해결하는 게 조금은 수월해요. 만약 이 관계가 계속됐을 때 한 사람은 계속해서 내 이야기를 좀 들어달라고 하고, 한 사람은 "난 듣고 싶지 않아"라고 하면 언젠가는 추적자가 지치겠지요. 그래서 이 관계에서 한 발을 빼게 돼요. '그래, 어차피 내가 얘기해봤자 당신은 듣지 않잖아. 나도 이제 피곤하게 말하지 않을 거야'가 되면 추적자, 위축자 커플이 위축자, 위축자로 바뀌게 돼요. 이때는 치료하기가 훨씬 어려워집니다. 관계가 더 나빠지는 거예요. 회복하려는 불씨마저 꺼진 상태라고 볼 수 있지요. 그렇다고 회복이 되지 않는 것은 아니에요. 다만, 시간이 좀 더 걸릴 뿐이지요. 우리는 얼마든지 관계를 회복하려는 시도를 해볼 수 있습니다.

갈등을 겪는 부부가
반드시 회복되어야 하는 이유

갈등을 겪고 있는 부부들은 일주일에 한 번씩 진료실에 찾아와 한 주 동안 두 사람이 얼마나 많이 다투고 어떻게 싸웠는지에 대해 제게 털어놓습니다. 주말 아침 식사 자리에서 한바탕 큰 소리가 오갔다거나 운전하는 차 안에서 마구 말다툼을 했다고 말이지요. 저는 가만히 그 이야기를 듣다가 이런 질문을 드리곤 해요.

"그럴 때 아이는 어디에 있었지요? 아이는 뭘 하고 있었나요?"

"저희랑 식탁에 함께 앉아 있었어요."

"저희가 차에서 싸우는 동안 뒷좌석 카시트에 앉아 있었어요."

보통은 이렇게 자신들의 감정에 휩싸여 아이가 지켜보는 가운데 부부 싸움을 하게 됩니다. 그리고 부부 싸움을 목격한 아이는 마치 나를 둘러싼 온 세계가 무너지는 것과 똑같은 경험을 하게 되지요. 아이에게는 부모가 세상의 전부이기 때문이에요. 그냥 하는 말이 아니라 정말 그렇게 느낍니다.

다 자란 성인은 직장에 다니고, 친구를 만나고, 원가족(결혼하기 이전의 원래 가족)도 있고, 여러 사람과 많은 관계를 맺고 살아가요. 인터넷도 하고 뉴스도 보고 이 세상이 어떤 곳인지를 여러 가지 방법으로 이해해 나가지요. 하지만 아이는 그렇지 않아요. 부모가 관계의 전부이면서 이 세상을 느끼고 바라볼 수 있는 유일한 창구예요. 만약 부모가 싸우는 것을 자주 보며 자란다면 '나를 둘러싼 이 세상은 참 위험하고 불안정한 곳이구나. 무서운 곳이니 긴장해야 하는구나. 안심할 수가 없구나' 하는 씨앗을 마음에 심게 됩니다. 아이에게는 항상 마주하는 부모의 모습이 이 세상을 인식하는 거의 유일한 창이기 때문이죠. 반면, 사이가 좋은 부모 밑에서 자란 아이는 '이 세상은 참 안정적이고 평화롭고 안전한 곳이구나' 이렇게 이해하면서 성장하게 돼요.

이렇게 상반된 두 환경에서 자란 아이들은 자랄수록 큰 차이를 만들어 내요. 한 번 씨앗이 마음에 심어지면 어른이 되어도 잘 바뀌지가 않거든요. 그래서 어렸을 때 부모와 맺은 관계는 아이가 앞으로 평생 이 세상이 어떤 곳인지를 인식하게 하는 기준점이자 첫 단추인 셈입니다. 외부 세계를 인지하는 시각 자체가 달라지는 거예요. 성격은 태어날 때부터 형성돼요. 집에서 느껴지는 분위기가 불편한지, 편안한지가 아이의 성격에 큰 영향을 미친다고 볼 수 있어요.

🍃 아이에게 부모는 '세상' 그 자체다

요즘은 결혼을 해도 아이를 많이 낳지 않아요. 그래서인지 아이 하나에 많은 에너지와 돈을 들여 정성껏 키우지요. 좋은 유치원에 보내고, 학군이 좋은 동네를 찾아 이사를 하거나 좋은 직업을 갖게 하려고 비싼 사교육을 시켜요. 하지만 부모가 아이에게 해줄 수 있는 가장 좋은 교육이자 가장 큰 선물은 엄마, 아빠가 서로를 사랑하고 아껴주는 모습을 보여주는 거예요. 그러니 적어도 부부끼리 소리를 지르며 싸울 때 아이가 옆에 있는지 혹은 어떤 표정을 짓고 있는지 꼭 생각해 주셨으면 좋겠어요.

이 책을 읽는 독자 중에서 혹시나 '나는 어릴 때 부모님이 다투는 모습을 많이 보고 자라서 앞으로 결혼을 못하게 되는 건 아닐까 혹은 결혼 생활을 하는 데 어려움을 겪지 않을까' 우려하는 분들이 계실 거예요. 무조건 부모의 책임으로만 떠넘기려는 것은 아니지만, 어렸을 때 부모의 행복한 결혼 생활을 보고 경험한 아이들이 성인이 됐을 때 결혼을 하겠다는 생각을 좀 더 많이 할 수 있을 거예요. 반대로 자신이 보기에 부모의 결혼 생활이 많이 힘들어 보였거나 어려워 보였다면 '난 나중에 결혼 절대 안 할 거야. 평생 편하게 혼자 살 거야' 라고 생각할 수도 있겠지요.

실제로 일반 진료에서도 20~30대 미혼들에게서 종종 듣는 이야기예요. '요즘 같은 시대에 집 하나 사려면 오래 걸린다, 혼자서 즐기며 살고 싶다' 등 여러 현실적인 이유도 있지만 "내가 알고 있는 결혼 생활이라는 게 그렇게 행복한 건지 잘 모르겠다"고 말하는 사람들이 훨씬 많아요. 그렇다면 행복한 결혼 생활을 보여주는 게 나중에 아이가 배우자를 만나고 행복한 가정을 꾸리는 데 더 큰 도움이 되지 않을까요?

사실 원가족에게서 그런 모습을 자연스럽게 보고 배우지 못했다면 좀 어렵기는 할 거예요. 다행히 불가능하지는 않으니까 조금 더 노력은 해야겠죠. 노력하는 방식에는 여러 가지가 있어요. 그리고 가장 중요한 것은 '내가 우리 아이에게 좋은 결혼 생활을 보여주겠다'라고 결심하는 그 마음인지도 모릅니다. 내가 원가족에게서 받았던 것 중에 안 좋았던 것이나 싫었던 것은 아이에게 해주지 않고, 내가 어릴 적부터 원했던 것들을 해주는 거예요. 예를 들어, 아이와 더 많은 시간을 함께 해주고, 더 많이 안아주고, 더 많이 사랑해주는 것들이지요. 그리고 항상 이런 생각을 하는 거죠.

'어떻게 하면 아이를 더 많이 사랑해 줄까? 어떻게 하면 아이가 나중에 우리 집이 정말 좋은 가정이었다고 생각하게 만들어 줄 수 있을까?'

🍃 아이 앞에서는 다툼을 미루기

그런데 이런 의문이 드실 거예요.
"그럼 아이가 계속 옆에 있는데 부부 싸움을 어떻게 해요?"
우리가 만약 화가 나는 대로, 성질이 나는 대로 다 터트린다면 배우자도 똑같이 맞서겠지요. 아이는 계속 식탁이든 차 뒷자석이든 함께 있을 거고요. 그럴 때는 멈추는 것이 중요해요. 화가 나는데 어떻게 멈추냐고요? 하지만 멈출 수밖에 없어요. 물론 화가 났을 때 이를 참는 것은 무척 어려운 일이에요. 그렇기 위해서 노력해야 하는 것이지요. 배우자에게 이렇게 말해볼 수 있어요.

"나 지금 화가 많이 나. 당신 이야기를 들으면서 내가 무시받았다는 느낌, 존중받지 못했다는 느낌이 들어. 그래서 이것 때문에 당신에게 내가 지금 얼마나 화가 났는지 집에 가서 이야기를 하고 싶어."

이렇게 싸움을 조금 미뤄보는 거예요. 그 정도의 노력은 해야 해요. 왜냐하면 우리는 아이가 있는 부모이니까요. 불행한 결혼 생활을 보여주지 않으려면 부모로서 노력해야 해요. 하지만 나중에 미뤄서 이야기하는 게 아까 싸우지 못했던 걸 다시 시작하라는 의미는 아니에요. 한 번 참았으니 그때는 화를 내고 소리를 지르는 게 아니라 '내가 당신에게 얼마나 실망스러웠는지'를 차분히 대화로 풀어나가는 게 좋겠죠.

부부 치료를 하면서 회복되는 부부들에게서 종종 듣는 이야기가 있어요. 그건 바로 "우리 아이가 전보다 참 밝아지고 좋아졌다"라는 이야기예요. 언젠가부터 떼도 안 쓰고 유치원

선생님에게 칭찬도 더 많이 듣는다는 거예요. 특별히 부부가 아이에게 전과 다르게 뭔가를 더 해주지 않았는데도 말이죠.

갈등을 겪는 부부가 회복해야 할 이유는 수없이 많아요. 하지만 정말 중요한 이유 중 하나는 함께 사는 우리의 소중한 아이를 위해서라고 할 수 있어요. 부부가 회복해서 아이에게 행복한 가정의 모습을 보여준다면, 이를 통해 아이가 건강하게 자랄 수 있다면, 아이가 나중에 어른이 되어서 우리보다 더 괜찮은 가정을 꾸릴 수 있게 도와줄 수 있다면 이보다 의미 있는 일도 없을 테니까요.

PART 2

부부,
어떻게 말해야 할까

소통은 잘 듣는 것이다

"요즘 두 분은 주로 무슨 대화를 나누세요?"

상담실에서 내담자 부부를 만나면 제가 항상 하는 질문입니다.

사실 갈등이 있는 부부는 별로 말이 없어요. 어차피 말도 안 통하고 말을 시작하면 싸우게 되니 함께 살아도 입을 꾹 닫고 지낸다고 해요. 하지만 "그냥 그럭저럭 대화하면서 지내요⋯" 하는 부부들도 있습니다. 그마저 대부분은 아이와 관련된 이야기이지만요. 보통 사이가 안 좋은 부부는 남편과 아내 이 두 사람에 대한 대화가 빠져 있다는 것을 발견할 수 있는데, 어떻게 하면 부부가 서로 싸우지 않으면서 즐겁게 소통할 수 있을까요?

이혼 통계 자료에 따르면 대한민국에서 1위를 차지하는 이혼 사유는 '성격 차이'로 나타났다고 앞서 말씀드렸습니다. 우리는 일반적으로 성격 차이가 있기 때문에 부부 관계가 멀어진다고 생각하는데요. 사실 세상에 성격 차이가 없는 부부는 없어요. 오히려 사이가 멀어진 부부가 서로의 차이를 아주 예민하게 느낄 뿐이죠. 어느 부부의 사이가 얼마나 가까운지를 결정하는 요인 중 가장 큰 것은 '두 사람이 얼마나 잘 소통하느냐'입니다. 갈등이 있는 부부를 대상으로 치료를 진행할 때 진료실에서 제가 가장 자주 듣는 이야기가 "배우자와 말이 통하지 않는다"는 호소예요.

"이 사람은 제가 아무리 이야기해도 전혀 알아듣지를 못해요."

"저는 A에 대해서 얘기하는데 이 사람은 다른 얘기를 할 때가 많아요."

"말을 하다 보면 자꾸 감정이 섞여서 싸우게 되니까 말을 안 하는 게 더 낫겠다 싶어요."

"말을 해도 대꾸를 안 하니까 벽에 대고 말하는 것 같아요."

이런 이야기들을 정말 많이 듣습니다. 배우자와 소통이 되지 않는 게 속이 터질 만큼 답답하다고들 해요.

🍃 제대로 듣는 방법

I'm all ears.

'당신의 이야기를 기꺼이 듣겠다'는 영어 속담이에요. 정신과 의사는 내담자에게 많은 말을 하지 않습니다. 내담자의 말을 들으며 계속 고개만 끄덕끄덕할 뿐이지요. 하지만 정신과 의사와 이야기를 하고 나면 많은 사람들이 소통이 잘된다고 느껴요. 말을 잘하는 사람이라고 평가하기도 하고요. 정신과 의사는 듣고만 있는데 왜 이런 결과가 생기는 걸까요?

우리는 내 이야기를 진지하게 경청하는 사람과 소통을 잘 나누고 있다고 여기지, 말을 잘하고 있는 사람과는 소통이 잘된다고 여기지 않아요. 친구를 만나도 내가 얘기할 때 잘 들어주고, 반응도 잘해주고, 맞장구도 잘 쳐주면 집에 돌아오는 길에 에너지를 얻지요. 하지만 자기 말만 하는 친구를 만나고 집에 돌아오면 '내가 오늘 얘를 왜 만난 걸까?' 하는 허무함과 다시는 만나고 싶지 않다는 생각이 들곤 합니다.

부부끼리 다투다 보면 둘 다 입은 있는데 귀가 없습니다. 서로 자기 이야기만 하고 상대방의 이야기는 들어주지 않지요. 나중에 상대방이 무슨 이야기를 했는지 물으면 자기 이야기만 했기 때문에 아무것도 기억을 못하는 경우가 많아요. 부부 치료를 진행하다 보면 배우자의 말을 잘 듣기만 해도 치료 효과가 크게 나타나는 것을 볼 수 있습니다. 특히 진료실에서 부부 중 한 사람이 이야기를 할 때면 배우자가 저와 함께 그것을 듣고 있잖아요. 듣기 싫어도 상대방이 말할 때는 꼼짝없이 들어야 해요. 남편이 요즘 뭐가 속상한지에 대해서 열정적으로 이야기하는 것을 더 이상 나올 얘기가 없을 때까지 아내와 제가 듣고 있어요. 그러고 나면 참 좋아져요. 듣는 것만으로 관계가 개선되는 거죠. 그래서 충분히 들어주는 게 아주 중요해요.

내가 상대방의 이야기를 대충 들으면 당연히 상대방도 내가 말할 때 잘 안 들어주겠지요. 나만 들어주면 억울하니까요. 보통은 상대방이 말하는 동안 반박할 것들을 쓰고 기억하면서 기를 모아요. 청문회 같은 것을 보면 흔히 볼 수 있는 모습이지요. 상대방의 말은 듣지 않고 자신이 할 말만 생각하는 거예요. 부부 치료 과정에서는 배우자의 말에 반박하지 않아도 괜찮다고 말합니다. 그리고 상대의 이야기를 다 들은 후

내 생각과 다르더라도 그냥 "그래, 알겠어"라고 말해보도록 제안해요. 그러면 상대가 더 이상 강하게 말하지 않거든요.

🌿 듣는 것과 경청은 다르다

경청은 말하지 않는 것을 듣는 거예요. 우리가 누군가에게 말할 때 보통 언어는 30%고 비언어적인 표현이 70%예요. 비언어적이라는 것은 표정, 제스처, 눈빛, 말의 빠르기, 접촉 등이 있지요. 즉 귀만 열려 있으면 30%밖에 소통할 수 없어요. 그러나 비언어적인 것까지 살피면 70%를 추가로 들을 수가 있습니다. 이렇게 상대방의 표정과 기분을 살피면서 듣는 것이 바로 경청이에요. 우리는 귀로만 듣는 게 아니라 온몸으로 들을 수 있거든요.

경청하려면 반드시 상대방이 있어야 해요. 무언가를 들으려면 대화를 많이 해야 하고 사람과의 관계도 다양하게 맺어야 합니다. 그런데 성인뿐만 아니라 아이들도 그럴만한 기회가 결여되어 있어요. 부모님은 맞벌이라 바쁘고 요즘은 형제자매도 없이 외동인 경우가 많아서 집에서도 말할 계기가 없습니다. 말하는 사람도 없고 듣는 사람도 없지요. 듣는 것은 상대방과 말을 주고받으면서 자연스럽게 얻어지는 거거든요.

🍃 점차 약화되는 듣기의 힘

요즘은 내가 보고 싶지 않은 것은 손가락 터치 한 번으로 넘길 수 있고, 내가 듣고 싶지 않은 것은 음소거를 누르거나 내가 원하는 것만 찾아 들을 수가 있어요. 즉 내가 원하는 것만 듣고 내가 원하는 것만 보는 게 너무 익숙해졌습니다. 그로 인해 다른 사람의 말을 끝까지 참고 들어주는 힘이 점점 약화되고 있어요.

어렸을 때 카세트 테이프로 음악을 들어보셨나요? 일곱 번째 순서에 있는 음악을 들으려면 첫 번째부터 다 들어야 했어요. CD 플레이어가 나오고 나서 제가 가장 놀랐던 것은 다음 트랙으로 넘길 수 있었다는 거였죠. 지금은 어떤가요? 멜론이나 유튜브 뮤직에 접속해서 원하는 곡을 터치하면 바로 그 곡부터 들을 수 있어요. 심지어 중간부터 들을 수도 있지요. 스크롤만 하면 10분짜리 영상도 중간부터 볼 수가 있습니다. 내가 듣고 싶지 않은 것을 들으면서 참고 기다릴 이유가 전혀 없지요.

숏폼도 듣기에 많은 영향을 주고 있어요. 심지어 1분짜리 쇼츠도 길어서 20초, 30초짜리 영상이 더 인기가 있죠. 틱톡도 그렇고요. 이제는 사람들이 10분이 넘는 유튜브 영상은 클릭을 잘 안 한다고 해요. 길고 지루한 것을 지켜볼 수 있는 인내심을 점점 잃어가고 있는 것이지요. 덩달아 누군가와 대화할 때 귀담아듣고, 장시간 뭔가에 집중하는 인내심이 너무나 많이 떨어지고 있습니다.

하지만 저는 그게 잘못된 현상이라고 보지 않아요. 변화라고 생각해요. 그렇다고 '이러한 현상이 과연 옳은가'라고 묻는다면 아직 잘 모르겠습니다. 인내심은 중요한 때에 쓰임새가 많은 능력이라고 생각해요. 그래서 옳으냐 그르냐보다는 그 인내심이 사라져 가는 것이 아쉽습니다.

공감받고 싶은 아내,
이해하지 못하는 남편

아내들은 한 번쯤 남편에게 '내가 하는 이야기를 좀 끝까지 들어주고 아 당신은 그랬구나 이 한마디를 하는 게 그렇게나 어렵나?' 하는 생각이 들곤 합니다. 사실 아내들이 남편에게 큰 걸 바라지는 않지요. 그냥 내 이야기 온전히 들어주고, 내 마음 좀 이해해 주고, 내 편도 좀 들어주는 것이잖아요. 보통 아내들은 남편에게 그냥 좀 공감받고 위로받고 싶은데 이게 참 안 되어서 많이 답답해하세요. 결국 내 이야기가 남편에게 닿지 않으니 목소리가 계속 커질 수밖에 없습니다. 그러다가 결국 싸움으로 번지기도 해요.

하루는 친구를 만나고 집에 돌아왔는데 그 친구와의 만남이 썩 기분이 좋지 않아 남편에게 하소연을 합니다.

"참나. 어이가 없어서… 글쎄 걔가 내 외모 평가를 한 것도 모자라서 다른 애랑 비교까지 하더라니까. 원래 애가 좀 나오는 대로 말하는 편이긴 한데 오늘은 진짜 좀 심하더라고. 걔 때문에 분위기 이상해지고 그냥 일찍 헤어졌지 뭐. 아, 오늘 너무 상처받았어."

"당신이 혹시 그 친구 기분을 먼저 건드린 거 아니야?"

"뭐라고? 아니, 당신은 왜 내 편을 안 들고 걔 편을 들어? 내가 속상하다는데 내 편 좀 들어주면 안 돼?"

아내가 원하는 것은 문제 해결이나 지적이 아니지요. "오늘 그런 일이 있었어? 당신이 많이 속상했겠네!" 하는 말 한 마디나 그저 남편이 내 말을 가만히 들어주고 내 속상함에 공감해 주기를 원하는 거잖아요. 남편은 그런다고 문제가 해결되나 싶지만 사실 해결이 됩니다. 위로와 공감을 해주면 말이지요. 아내는 문제 해결보다 자신의 속상함을 누군가가 알아주기를 바라는 거기 때문에 그래요. 아내의 감정을 존중하고 인정하는 것은 매우 중요합니다. 아내의 감정에 대해 비판이 아닌 이해와 수용의 자세가 필요한 것이지요. 아내의 감정을 경청하고 그것이 어떤 배경에서 비롯된 것인지 알아보려는 노력이 필요해요.

🌿 아내의 말에 공감하는 법

저도 남편의 입장을 많이 이해해요. 대화를 안 하고 싶어서 안 하는 게 아니고, 공감하기 싫어서 피하는 게 아니잖아요. 그냥 하던 대로 하고 잘한다고 하는데 맨날 못한다는 소리만 들으니 답답하지요. 그래서 아내와 감정을 나누고 대화를 나누면서 가까워지는 팁을 알려드릴게요.

첫 번째, 아내가 이야기할 때는 하던 일을 멈추고 눈을 바라보며 경청하는 것이에요. TV 보면서 이야기를 듣거나 옷 갈아입고 걸어 다니면서 혹은 내가 하던 일을 그냥 하면서 이야기를 듣지 마세요. 시선이 가는 곳에 우리의 관심 있다는 것을 기억하세요. 아내의 눈을 쳐다보면 아내의 말이 이전보다 훨씬 깊게 들릴 거예요.

두 번째, 아내가 속상하고 힘들었다는 이야기를 하면 "그런 일이 있었어? 많이 힘들었겠다." 이 말을 맨 처음 해주세요. "그게 누구야? 넌 그래서 어떻게 했는데?"가 먼저 나오면 안 됩니다. 아내가 힘들다는 이야기를 아무에게나 하는 게 아니잖아요. 가장 믿을 만한 사람, 내 편이 되었으면 하는 사람에게 이야기를 하고 있다는 것을 절대 잊지 마세요. 어떤 일에 대해 의견을 주고 싶어서 근질근질하다는 거 잘 알아요. 하지만 그것도 아내의 속상한 감정을 다 들은 이후에 말해야 의미가 있다는 것을 기억했으면 좋겠어요.

마지막으로 세 번째, 아내에게 고맙다는 말을 하루에 세 번은 하세요. 의외로 많은 남편이 아내에게 고맙다는 말을 잘 안 합니다. 카페에서 커피를 건네받을 때도 "감사합니다" 인사하고, 다른 사람이 엘리베이터를 잡아 줘도 고맙다고 말을 잘만 하는데 몇 년째 함께 하는 아내에게 고맙다는 말이 안 나오는 게 참 이상한 일이에요. 아내가 내 옆에 있는 것, 나와 함께 한집에서 살아간다는 것은 절대 당연한 게 아니에요. 이것이야말로 우리 삶에서 가장 고맙고 소중한 일이에요. 그런 아내에게 같이 있어 줘서, 같이 밥을 먹어서, 함께 잠들 수 있어서 고맙다는 이야기를 적어도 하루에 세 번은 해보세요.

🌿 마음속에 품어야 할 단 한마디

부부는 서로에게 너무나 소중하고 어떻게든 잘 지내려고

노력하는 존재예요. 그럼에도 불구하고 배우자가 내게 큰 목소리로 자신의 답답함을 토로할 때는 '오죽하면 저 사람이 내게 이렇게 할까' 한번 생각해볼 필요가 있어요. 물론 혼자서만 생각해서는 관계를 개선하기 어렵겠지요. "내가 이런 마음으로 노력할 테니 당신도 함께 해달라"라고 배우자에게 요청해본다면 참 좋겠습니다. 그래서 부부라면 이 문장을 꼭 마음속에 품고 계셨으면 좋겠어요. 이 말 한마디면 멀었던 부부 사이가 단숨에 좁혀지는 마법 같은 일이 일어나거든요.

"저 사람이 오죽하면 저럴까…."

우리는 때로 누군가가 내 마음을 진정으로 알아준 경험, 이해받는 경험을 합니다. 그런 기분을 느낄 때면 마음속을 꽉 틀어막았던 것이 풀어지면서 덜컥 울음이 터져 나오기도 하지요. 이렇듯 상대방의 감정까지 깊게 이해하며 진정한 마음으로 소통하고자 노력하는 것을 '공감'이라고 해요. 결국 부부가 소통을 잘하기 위해서는 진정으로 듣고 진심으로 이해하려는 노력이 필요해요.

그리고 또 한 가지는 배우자에게 내가 주고 싶은 것을 주는 게 아니라 배우자가 원하는 것을 주려고 노력해야 된다는 점을 기억하셨으면 좋겠습니다. 상대방을 이해하려고 애쓰는 모든 노력이 소통이에요. '나는 배우자와 즐겁고 행복한 소통을 이어가고 있는지' 한번 살펴보는 계기가 되었으면 좋겠습니다.

🍃 절대 하지 말아야 할 최악의 한마디

"여보, 내가 오늘 얼마나 힘들었냐면 아기가 열이 너무 많이 났는데 열이 계속 안 떨어지고 소아과 오픈하자마자 갔는데도 사람이 너무 많은 거야. 진짜 얼마나 오래 기다렸는지 모르겠어. 오늘 아기 열 때문에 이리저리 뛰어다니느라 어찌나 힘들던지…."

혼자서 3살, 1살 육아를 하는 아내가 퇴근해 돌아온 남편에게 이렇게 말합니다. 물론 남편도 하루 종일 직장에서 이런저런 일들에 치여서 야근까지 하고 녹초가 되어 밤늦게 집으로 돌아왔지요. 배우자가 힘들다고 얘기했을 때는 들어달라는 것이고, 위로해 달라는 것이고, 상대방이 필요하다는 것이고, 내가 상대방을 믿고 신뢰한다는 많은 의미가 담겨 있어요. 우리가 아무에게나 힘들다고 말하진 않으니까요. 비빌 만한 언덕이니까 힘들다고 하는 거예요.

그런데 남편은 힘든 표정으로 아내의 이야기를 다 듣기도 전에 짜증스러운 말투로 이렇게 말해요.

"내가 더 힘들어."

이것만큼 사람을 맥 빠지게 하는 말은 없어요. 이 말은 "너만 힘든 거 아니고 나도 힘드니까 아무 말도 하지 마. 네가 나 힘든 걸 알아? 내가 얼마나 힘든지 너는 절대 모를 거야"를 한 문장으로 줄인 거예요. 아마 하루에 몇 번만 쓰면 여러 사람이랑 싸울 수 있을 거예요.

사실 "나도 힘들어"까지는 괜찮지만, "내가 더 힘들어"는 "당신은 나 이해 못하지? 나도 당신 이해할 생각 없어"를 상징하는 말이에요. 그래서 부부 사이에 이 말만큼은 정말 피해야 해요. 더 큰 싸움을 부르고 관계를 순식간에 망치는 최악의 주문이거든요.

진짜 대화는 주고받는 것이다

국립국어원 표준국어대사전에서 '소통'이라는 단어를 검색해보면 '1) 막히지 아니하고 잘 통한다. 2) 뜻이 서로 통해 오해가 없다'라고 나옵니다. 우리는 소통이 말을 잘하는 것이라고 오해하지만 뜻 어디에도 '말을 잘한다'라는 의미는 없어요. 그러니까 소통은 말과 아무런 상관이 없다는 것이지요.

예를 들어, 태어난 지 6개월 된 아기가 울어요. 엄마는 6개월 동안의 경험으로 아기가 배고파서 우는지, 기저귀가 젖어서 우는지, 더워서 우는지, 불편해서 우는지 기가 막히게 알고 반응해주지요. 강아지나 고양이를 키운다고 해볼게요. 강아지나 고양이 역시 말을 할 수 없어요. 울음소리로 자신의 의견을 전달합니다. 우리는 이 친구들이 놀고 싶어 하는지, 간식을 먹고 싶은지, 기분이 좋은지, 피곤한지 대번에 알 수가 있어요. 그러면 키우는 사람도 찰떡같이 알아듣고 원하는 것을 해주지요. 아기, 반려동물과 말을 하지 않고도 우리는 얼마든지 소통을 할 수 있어요. 그래서 소통을 잘한다는 것은 말을 잘하는 것을 의미하지 않는다는 것을 더욱 명확히 알 수 있습니다.

🌿 다툼은 말에서 시작된다

앞서 소통은 상대방의 말을 잘 들어주는 것에서 시작한다고 말씀드렸습니다. 이번에는 '말하기'에 초점을 두어 이야기를 해볼게요.

말하기는 듣는 것보다 훨씬 쉬워요. 말하기에는 상대방이 없거든요. 혼자 있어도 말은 얼마든지 할 수 있어요. 다툼은 듣고 있을 때는 찾아오지 않다가 말을 할 때 비로소 찾아오지요. 우리가 매 순간 깨닫지는 못하지만 이러한 악순환의 고리가 부부들 사이에서 자주 나타납니다. 내 말 한 마디가 상대방의 행동을 내가 원하는 방향과 반대 방향으로 움직이게 만드는 일이 부부 사이에서는 너무나 빈번하지요. 두 사람은 잘 인식하지 못하지만 옆에서 그것을 알아차릴 수 있게 해주면 굉장히 빨리 깨달을 수 있어요. 부부 사이에서도 정확하게, 간결하게, 조리 있게 말하는 것이 중요해요.

'대화'는 상호작용입니다. 혼자서 말하는 것은 독백일 뿐이지요. 즉 대화에서는 내가 하고 싶은 말만 하는 게 아니에요. 상대방과 말을 주고받아야 진짜 대화를 해야 하는 거죠. 이것을 착각하는 사람들이 꽤 많아요. 특히 평생을 함께 하는 부부 사이에는 대화를 잘 나눠야 해요. 서로 티키타카가 되려면 대화 주제도 잘 정해야 하고, 기분도 살펴야 하지요.

또 말하기 전에 속으로 셋을 셀 수 있는 여유를 가지는 것도 중요합니다. 싸울 때 하는 말은 주워 담기가 힘들지요. 생각 없이 바로 튀어나온 말이 보통 상대방을 상처 입히는 경우가 많아요. 특히 싸울 때는 더 그래요. 말하고도 아차 싶을 때가 있지요. 상대방의 입에서 "갑자기 왜 나한테 그렇게 말해? 왜 말을 그렇게 해!"가 나오면 이제 끝난 거죠. 너무 성급히 나온 말 때문에 싸움이 더 커지는 경우가 많으니 말하기 전에 하나, 둘, 셋까지는 셀 수 있는 여유를 항상 가져야 되겠습니다.

🌿 칭찬은 하고 비난은 삼킨다

말할까 말까 고민될 때는 '칭찬은 하고 상처가 될 말은 삼켜야 합니다." 그런데 우리는 보통 반대로 하지요. 칭찬은 안 하고, 상처 될 말은 기가 막히게 잘해요. 말끝마다 비난과 책 잡는 나쁜 말을 서로에게 던지는 부부들이 많습니다.

아내가 늘 비난하는 말투로 말해서 자존심이 상한다는 남편이 있었습니다. 어쩌다 휴일에 아내와 아이를 위해 맛있는 요리를 했는데 입맛에 안 맞았는지 "요리도 머리 좋은 사람이 한다던데… 당신은 머리가 나빠서 그런지 요리는 안 되는구나?"라는 말을 들었다고 해요. 또 회사 일로 야근을 하거나 저녁에 거래처와 약속이 잡혀 늦게 들어오는 날이면 "뭐 대단한 일한다고 맨날 늦어? 내가 뭐 집 지키는 강아지야?"라며 비난을 퍼붓는다고 해요. 처음 몇 번은 미안해서 참았지만 자꾸 비난하는 말을 들으니 화가 나서 맞받아치게 되고 그렇게 큰 싸움이 몇 번이나 있고 나서야 진료실에 찾아온 분들이었습니다.

말로 인해 생겨나는 악순환은 반드시 선순환으로 바꾸는 연습을 매 순간 해야 해요. 대화를 좀 바꿔보는 거죠.

"당신이 해주는 음식 오랜만이네. 간이 살짝 안 맞지만 소금 쳐서 먹으면 되지! 음… 너무 맛있다!"

"당신이 일찍 들어왔으면 좋겠어. 당신이랑 일주일에 세 번이라도 같이 저녁을 먹었으면 좋겠어."

"애들이 잠자기 전에 당신 오는 걸 보고 아이들이 잠들었으면 좋겠어. 애들이 아빠를 너무 보고 싶어 하거든."

이렇게 부드럽고 다정하게 말하면 남편은 어떻게든 일찍 집에 들어오려고 할 거예요. 즉 말하는 것을 바꾸고 접근하는 것을 바꾸면 악순환을 얼마든지 이렇게 선순환으로 바꿀 수가 있습니다.

상대방을 이해하려는 모든 노력

🍃 이해는 시간이 만든다

　이해는 상대방에 대해서 굉장히 많은 시간을 할애하고 오랫동안 함께 시간을 보냈을 때 서서히 만들어집니다. 이해는 절대 한 번에 얻어지지 않아요. 이해는 결국 시간이 만들어주지요. 우리도 가끔 스스로에 대해서도 '나는 왜 이럴까' 이해 안 되는 것투성이잖아요. 부부 사이에서도 나에게는 한없이 너그러우면서 배우자에게는 너무 엄격한 잣대를 들이대는 경우가 많아요. 이해에 앞서 상대방을 여유로운 마음으로 대할 수 있으면 좋겠습니다. 이해하기의 핵심은 상대방이 도저히 내 상식으로는 이해가 안 되고 완전히 틀린 말일지라도 나를 향해 소리치고 울며 분노한다면 '오죽하면 이럴까' 하는 첫 단추를 끼우는 것이에요. 이 말을 머릿속으로 떠올려도 좋고, 말하는 상대방을 덥석 잡고 소리 내어 말해줘도 좋아요. 이것이 서로를 이해하는 출발점이 될 테니까요. 부부가 서로의 이야기를 하다 보면 이해가 되지 않은 말도 "알겠어, 알겠어" 하고 넘어가는 일이 많습니다. 그럴 때는 오해한 채로 그냥 넘어가기보다 "지금까지 당신 이야기를 들었는데 잘 이해가 되지 않아. 근데 당신을 더 이해하고 싶어. 그래서 더 이야기해줬으면 좋겠고 나도 경청할게. 더 많이 공감하려고 애쓸 거야"라고 솔직하게 말할 수 있는 용기가 필요합니다. 이해가 되지 않는데 묻지도 않고 그대로 입을 닫아버리면 관계까지 닫힐 수 있기 때문이에요.

🍃 깊은 이해, 공감

아주 깊은 이해를 우리는 '공감'이라고 부릅니다. 누군가를 이해하는 데 있어서 공감한다는 것은 상대방을 아주 깊게 이해한다는 의미예요. 앞서도 말했지만 부부 치료하다 보면 가장 많이 듣는 이야기가 "이 사람에 대해서 제가 아주 잘 알아요"라는 말이에요. 사실 서로를 깊이 이해하기 위해서는 "내가 이 사람에 대해서 아무것도 모른다. 잘 모르겠다"라고 접근하는 것이 도움이 됩니다. 저는 상대방을 이해하려고 애쓰는 모든 노력이 바로 소통이라고 생각해요. 말하는 것보다 중요한 것이 듣는 것이고, 듣는 것보다 중요한 것이 바로 이해하는 것이기 때문입니다.

한 부부의 사례를 소개해볼게요.

이 부부는 저에게 "저희는 말만 하면 다투는데 어떻게 하면 싸우지 않고 대화할 수 있을까요?"라고 물었어요. 그리고 상담을 계속 진행해 나가면서 두 사람이 왜 서로를 그토록 이해하지 못하는지 잘 알 수 있었지요.

아내는 자영업을 하면서 매일 술을 마시고 집에 늦게 들어왔어요. 남편은 그런 아내를 도무지 이해할 수가 없었지요. 아내는 밥을 차리거나 집안일을 하는 데에는 전혀 관심이 없었어요. 반면에 남편은 결혼을 해서 같이 사는데 아내가 가정에도 신경을 써줬으면 하는 바람이 있었죠. 이렇듯 서로 다른 가치관 때문에 만나기만 하면 싸우는 부부였습니다.

그러나 상담을 진행하며 각자의 어린 시절부터 성장 과정이 어떠했는지를 들으면서 서로를 많이 이해하는 계기가 되었어요. 아내는 폭력적인 아버지로부터 벗어나기 위해 어릴 때부터 이곳저곳을 전전하며 아주 힘든 어린 시절을 보냈어요. 그래서 늘 자신을 사랑해주고 어리광을 부려도 다 받아줄 수 있는 너그러운 아빠 같은 남자를 만나기를 원했지요.

남편은 어땠을까요? 남편은 자신이 보고 자란 부모님처럼 사는 것이 가장 이상적인 가정의 모습이라고 생각했어요. 권위적인 아버지였지만, 어머니는 항상 아버지에게 다정하게 대했고 살림도 야무지게 잘하시는 분이셨어요. 남편은 자신도 어머니처럼 가정을 따뜻하게 만들어주는 사람을 만나서 자신의 부모처럼 이상적인 부부로 살고 싶다는 꿈이 있었습니다. 아내는 자신이 무엇을 해도 다 받아줄 수 있는 마음 넓은 아버지 같은 남편을 원했고, 남편은 자신이 너무나 좋아했던 어머니 같은 안정적인 아내를 맞고 싶었던 것이지요.

🌿 이해는 진정한 의미의 소통

이 부부는 치료를 종결할 때 진심으로 서로를 이해하기 시작했습니다. 남편은 "아내는 나와 다른 사람인데 제가 원하는 사람이 되라고 계속 강요했던 것 같아요. 제가 정말 권위적이고 가부장적인 생각을 했다는 것을 알았어요"라고 고백했습니다. 아내도 역시 "제가 너무 철없이 함부로 행동했던 것 같아요. 이제는 결혼도 했으니까 더 책임감을 가져야겠다고 생각했어요. 저녁 식사를 매일 차릴 수는 없지만 일찍 퇴근하는 날에는 제가 준비를 해요. 남편이 밥상을 보고 기뻐할 때는 재미있기도 하고 미안하기도 하고 그래요"라고 말했어요.

우리가 꼭 기억해야 할 것은 '소통은 말하는 기술이 아니라 잘 듣기에 가깝고, 잘 듣는 것을 통해 상대방을 이해할 수 있다'라는 점이에요. 상대방을 마음으로 서로 이해해 줄 때 진정한 의미의 소통이 찾아온다는 것을 기억했으면 좋겠습니다.

서로의 자존감을
높여주는 대화법

　한 사람의 자존감을 결정짓는 중요한 요소 중 하나는 '환경'입니다. 누구든 태어날 때부터 자존감이 낮고, 열등감을 갖지는 않거든요. 성장하면서 충분한 사랑과 아낌을 받지 못했거나, 성인이 되는 과정에서 그럴만한 이벤트나 사건에 일회성으로 강렬하게 혹은 꾸준히 노출되었을 경우 '내가 좀 별로인 것 같다' 또는 '내가 좀 부족하고 모자라다'며 스스로를 사랑하는 마음이 줄고 주변에 대한 인식도 부정적으로 바뀌게 돼요. 또한 그것이 성격이나 개인적인 특성으로 굳어지게 되지요. 내 스스로를 아끼지 않는데 외부가 어떻게 사랑스럽겠어요. 자존감은 결국 환경에 큰 영향을 받습니다.

결혼을 하고 나면 한 개인의 환경에 제일 큰 영향을 미치는 것이 배우자예요. 그렇다면 내 배우자에게 가장 큰 영향을 미칠 수 있는 환경은 내가 되겠지요. 즉 배우자의 자존감을 올려주는 것은 내 역할이에요. 결혼한 이후에 내 자존감을 올려줄 수 있는 사람도, 깎을 수 있는 사람도 내 배우자일 것입니다.

🍃 지적보다는 칭찬과 격려

특히 내 배우자가 성장 과정에서 부모로부터 충분한 사랑과 이해를 받지 못했다면 자존감이 낮거나 열등감이 있을 수 있어요. 그런 배우자에게 "당신은 왜 그렇게 자존감이 낮아?"라는 말은 더욱 비수를 꽂는 말이 될 수 있습니다. 대신 옆에서 이런 말을 꾸준히 해주면 조금씩 자존감을 회복해 갈 수 있어요.

"당신은 굉장히 좋은 사람이야. 당신은 참 사랑스러워."
"나랑 함께 해줘서 고마워. 오늘 당신이랑 있어서 난 정말

기뻤어."

"여보, 이렇게 하는 게 틀렸거나 잘못된 게 아니야. 당신은 안 틀렸어. 당신이 생각해서 그렇게 했다면 그게 맞아."

"난 항상 당신을 지지해."

내 배우자가 자존감이 낮고, 매사 부정적이고, 짜증스럽기를 바라는 사람은 없습니다. 그런 배우자의 모습을 옆에서 보기에 안타깝다면 내가 배우자에게 그것을 극복할 만한 좋은 환경이 되어주는 것이 좋겠지요. 치열하게 싸우면서 바꿔놓는 게 아니라 옆에서 따뜻하게 지지해주고 아껴주면 됩니다. 그러면 서서히 아주 서서히 계속해서 변해갈 거예요. 물론 반대도 가능하죠.

"당신이랑 있으면 내가 참 별 볼 일 없는 사람이 되는 것 같아. 그래서 당신이랑 헤어질 거야."

"혼자였을 땐 내가 괜찮은 사람인 줄 알았는데 당신과 결혼 생활하면서부터 내가 진짜 형편없고 별로인 것 같아. 당신이 나를 그렇게 만들어. 더 이상 당신과 함께 있기 싫어."

늘 핀잔하고, 지적질하고, 비난하고, 가스라이팅하는 배우자와 함께 살면 실제로 자존감이 낮아질 수밖에 없어요.

🍃 비난을 요청으로

만약 배우자가 "당신은 하루 종일 집에서 뭐해? 집안일을 제대로 하는 게 하나도 없네", "당신은 왜 맨날 퇴근이 늦어? 회사에서 당신 혼자서만 일하나 봐?"라고 비난해 올 때 "알았어. 미안해. 다음부턴 내가 잘할게"라고 흔쾌히 반응할 수 있는 사람이 몇이나 될까요. 상대방이 비난해 오면 나도 같이 비난으로 맞서는 것이 보통의 반응입니다. 배우자가 진짜 원하는 것은 집 정리가 잘 되어있는 것, 퇴근해서 가족과 함께 시간을 보내는 것이지만, 비난으로는 원하는 것을 절대 얻을 수 없어요. 싸움만 될 뿐이지요. 우리는 비난이 아니라 요청을 해야 해요.

"여보, 화장실 불이 계속 켜져 있는데 다음엔 잘 꺼줬으면 좋겠어."
"퇴근 후에 가족과도 시간을 좀 보내주면 좋겠어."
"이쪽이 좀 어지러운데 정리가 되면 좋을 것 같아."

이런 요청이라면 듣는 상대방도 "응, 알았어. 다음번엔 신경 쓸게"라고 대답할 수 있을 거예요. 이렇듯 부부 싸움은 대

개 사소한 것에서부터 시작됩니다. 서로 소리 지르고 물건까지 집어 던지며 크게 싸웠는데 "뭐 때문에 싸우셨어요?"라고 물으면 기억하지 못하는 경우가 참 많거든요. 특히 이 비난하는 말투 때문에 싸움이 촉발되는 경우가 많아요. 오늘부터라도 배우자에게 비난이 아니라 요청을 해보세요. 배우자와의 관계가 긍정적으로 변화하는 것을 경험할 수 있을 거예요.

🌿 자존감을 높이는 5가지 방법

배우자와 서로 자존감을 올려주는 대화를 하려면 나부터 자존감이 회복되어 있어야 할 것입니다. 다음의 5가지 방법을 스스로 실천해보고, 익숙해지면 배우자에게도 적용해보세요.

첫 번째는 자신에게 "난 꽤 괜찮은 사람이야"라고 말해주는 거예요. 우리는 무의식적으로 "나는 왜 이런 것도 잘 못하지? 난 왜 이렇게 생겨 먹었을까? 난 왜 이 정도밖에 안 되지?"하며 자기 비난을 일삼습니다. 하루에도 셀 수 없이 자신을 야단치고, 크고 작은 비난을 스스로에게 퍼붓지요. 지금 바로 이 책을 잠시 내려놓고 '그동안 나는 나를 얼마나 칭찬

해주었지?' 하고 생각해보세요. 잘 떠오르지 않는 분도 있을 거예요. "너무 잘했어! 난 정말 괜찮은 사람이야!"라는 말을 하루에 한 번도 해주지 않은 날이 더 많을 겁니다. 칭찬은 참 중요해요. 자존감이라는 것은 결국 스스로 '내가 얼마나 소중한 사람인지, 내가 얼마나 괜찮은 사람인지'를 인식하는 것이니까요.

우리는 자신을 칭찬하는 것에 익숙하지 않기 때문에 시간을 정해놓고 하는 연습이 필요해요. 예를 들어, 양치할 때 거울을 보면서 이야기하는 거죠. "나는 꽤 괜찮은 사람이야" 혹은 밥 먹기 전에 기도처럼 "나는 오늘 오전도 참 수고 많았어"라고 말할 수도 있을 거예요. 잠자리에 들기 전에도 생각해야지요. '나는 오늘 하루도 정말 열심히 살았어. 나는 역시 괜찮은 사람이야' 하고 말입니다. 자기 칭찬을 많이 하세요. 칭찬이 습관이 되고 쌓이면 자신을 아끼는 자존감 또한 올라갈 거예요.

두 번째는 온전히 나를 위한 즐거운 시간을 갖는 거예요. 예를 들면 취미생활이나 휴식 시간 같은 것이죠. 그 시간만큼은 내가 즐겁고 행복한 것들을 합니다. 만약 이런 시간이 늘어나다 보면 혼자 있는 시간이 꽤 기다려질 거예요. 남에게 투자하는 것이 아니라 온전히 나에게 투자하는 시간이 많아지면 많아질수록, 나와 내가 하는 즐거운 시간이 이어질수록 자존감이 올라가는 것을 느낄 수 있게 됩니다.

세 번째는 규칙적으로 운동을 하는 거예요. 많은 연구에 따르면 운동과 자기 효능감 그리고 운동과 행복, 운동과 자존감은 항상 높은 상관관계를 보여줍니다. 운동을 꾸준히 규칙적으로 하는 사람들은 일상에서 꽤 행복감이 높고 자존감도 높아요. 항상 뭐든 해낼 수 있다는 생각을 하고 늘 자신감이 넘칩니다. 몸이 탄탄해지고 건강해지는 것은 물론 뇌의 기능들도 건강한 방식으로 더 강화할 수 있게 되거든요.

네 번째는 일찍 자고 일찍 일어나는 습관을 갖는 겁니다. 해가 뜨기 전에 일어나는 것을 추천해요. 보통 아침 5~6시에 일어나려면 전날 일찍 잠자리에 들어야 합니다. 잠을 줄이는 것이 아니라 전체 수면 시간은 유지하되 일찍 자고 일찍 일어나는 거죠. 그렇게 새벽에 일어나서 운동을 하거나, 책을 읽거나, 산책을 하거나 뭐든 좋아요. 일찍 일어나면 꽤 특별한 기분을 느낄 수 있고, 내가 좀 더 부지런하고 괜찮은 사람처럼 느껴집니다. 다른 사람들은 아직도 꿈속을 헤매고 있는데 나는 일찍 일어나서 중요한 시간을 가진다는 사실이 자존감에 꽤 큰 영향을 미치거든요. 아마 꾸준히 새벽에 일어나서 시간을 보내봤다면 누구나 공감할 거예요.

우리는 퇴근 후에야 비로소 나만의 시간을 가진다고 생각합니다. 하지만 그 시간은 온전히 나만의 시간이 아니라는 걸 여러 번 경험하셨을 거예요. 약속이 잡히고, 누가 만나자고 하고, 업무가 길어질 수도 있고요. 정말 방해받는 것이 많거든요. 규칙적으로 '저녁에 뭔가를 해야지' 했다가도 매번 실패하는 이유가 여기에 있어요.

마지막 다섯 번째는 감사 일기를 쓰는 겁니다. 오늘 내가 겪었던 일들, 내가 보냈던 하루에서 감사한 것들을 적어보는 거예요. 대단한 것을 쓸 필요는 없어요.

"오늘처럼 날씨가 좋은 날에 기분 좋게 하루를 보낼 수 있어서 감사하다."

"친구와 아주 행복한 시간을 보냈다. 좋은 이야기를 해주는 친구가 있어서, 내가 마음 터놓을 수 있는 친구가 있어서 정말 감사하다."

배우자와 아주 즐거운 시간을 보냈다면 "나를 아껴주고 사랑해주는 남편 혹은 아내가 있어서 참 감사하다"라고 적는 것이지요. 나에게 주어진 하루에 감사하고 즐거운 것들에 둘러싸여 있다는 것을 아는 사람과 그렇지 않은 사람은 큰 차이가 있습니다. 내가 나를 얼마나 아낄 수 있는지는 주변에 얼마나 감사한 것들에 둘러싸여 있는지를 인식하는 것과 큰 관련이 있기 때문이에요. 매일매일 쓸 필요도 없어요. 일주일에 2~3번 자기 전에 10분만 할애하면 돼요. 저도 일주일에 3번씩 하루에 3가지씩을 씁니다. 그날 겪었던 감사한 일들을 꾸준히 써본다면 정말 자존감이 올라가는 경험을 하게 될 거예요.

이런 행동을 몇 번 한다고 해서 우리의 자존감이 확 높아지진 않습니다. 좋은 습관들을 루틴으로 만들고 지속적으로 실행하다 보면 어느 순간 이전보다 내가 달라져 있음을 느낄 수 있을 거예요. 그래서 꾸준히 실천하는 것이 무엇보다 중요합니다.

사과는 말로
하는 것이 아니다

남편의 외도로 아내가 큰 마음의 상처를 입고 갈등 중인 부부의 상담을 진행한 적이 있습니다. 남편은 아내에게 여러 번 사과했다고 하지만, 아내는 좀처럼 마음이 풀리지 않는지 매일 남편에게 "당신이 진짜 잘못했다고 생각하는 거야? 그걸 알기나 해? 아니, 당신은 별로 잘못한 줄 모르고 있어. 난 당신한테서 전혀 미안함을 못 느끼겠어"라며 화를 냈어요. 남편은 도대체 얼마나 더 사과를 해야 아내가 받아줄지 모르겠다며 답답해했고, 아내는 자신의 아픔을 드러낼 때마다 도리어 화를 내는 남편이 야속하기만 했습니다. 무엇이 잘못되었기에 부부 사이에서 이런 상황이 지속되는 것일까요?

🍃 상처 입은 배우자 혼자서는 회복하기 힘들다

부부가 함께 살다 보면 크고 작은 잘못이나 실수로 상대방을 실망시키게 됩니다. 작은 상처들은 그래도 시간이 지나면 옅어지고 또 생활하다 보면 잊혀지기도 해요. 하지만 굉장히 큰 상처, 예를 들어 외도와 같이 두 사람의 결혼 생활을 송두리째 무너뜨릴 수 있는 상처에서 벗어나는 것은 피해자 혼자의 힘으로는 해결이 거의 불가능해요. 피해자는 마치 어둡고 깊은 구덩이에 빠져 있는 것과 비슷한 무력감을 느끼고 있거든요. 너무 깊은 구덩이에 빠져 있어서 혼자 기어오르려고 아무리 애써도 계속해서 미끄러지기만 할 뿐이에요. 올라오려고 발버둥 치는 상황에서 오히려 계속 생채기만 늘어나는 거지요.

이럴 때는 반드시 상처를 입힌 배우자의 도움이 필요합니다. 내게 상처 입힌 사람이 나를 도울 수 있는 사람이라는 게 참 아이러니하지만, 결국 배우자가 손을 뻗어서 나를 잡고 올려줘야지만 그 구덩이에서 벗어날 수 있어요. 그리고 이

손을 뻗어서 끌어올리는 게 바로 진심 어린 사과예요.

잘못을 저지른 사람은 자신이 배우자에게 씻을 수 없는 상처를 준 것에 대해 너무 후회하고, 배우자에게 진심으로 사죄하고 싶은 마음이 가득할 거예요. 그런데 배우자는 사과를 받아주기는커녕 더 화를 냅니다. 그러면 사과를 건넨 사람 입장에서는 참 억울한 마음이 들지요. 진짜 내 속마음을 다 열어서 보여주고 싶은 마음이 가득한데 이걸 왜 이렇게 몰라주나 싶어서 말이에요. 많은 부부를 만나다 보면 자주 접하는 모습입니다.

🍃 미안하다는 말이 와닿지 않는 이유

제가 예를 하나 들어볼게요.

집에 있는 자녀를 한번 떠올려 보세요. 만약 자녀가 없다면 아주 소중한 가족을 떠올려 봐도 괜찮아요. 어느 날, 우리 애가 친구랑 다퉜어요. 그 과정에서 상대 친구가 우리 애를 확 넘어뜨리는 바람에 우리 아이가 병원에 입원해야 할 정도로 많이 다쳤습니다. 부모로서 너무 속상하겠지요. 막 화도 나고요. 어쨌든 아이가 많이 다쳐 입원했으니 옆에서 병간호도 하고, 수액 맞고 있는 팔도 주물러 주고, 회복할 수 있도록 많은 노력을 기울일 거예요.

그런데 아이를 다치게 했던 아이나 부모한테서는 아무 연락이 없어요. 그러면 어떻게 할까요? 전화를 하겠지요. 전화를 걸었더니 그 집 부모가 나에게 "아이를 다치게 해서 정말 죄송해요"라고 사과를 해요. 사과를 받고 일단 끊었는데 입원하는 동안 병문안도 안 오고, 아이는 좀 어떤지 물어보는 연락조차 없어요. 그럼 답답하니까 "현재 아이 상태가 이러이러하다"라고 내가 먼저 카톡을 보내요. 상대방은 꼬박꼬박 미안하다는 말은 하지만 내 마음은 어떤가요? 그 아이와 부모가 정말 미안해하고 있다는 게 내게 전달이 되나요? 너무 사과하고 싶어서 애쓰고 노력하고 있다는 생각이 드나요? 그런 마음이 들 리가 없겠지요. 진짜 잘못했고, 미안한 마음이 있다면 아이가 입원해 있는 병원에 찾아와야 해요. 직접 얼굴을 보고 사과도 하고 "아이들 일이지만 이렇게 되어서 저도 참 마음이 속상해요"라고 말해줘야지요. 먼저 전화도 하고 문자도 보내줬어야지요.

이 예시에서 살펴봤을 때 어째서 상대방이 거듭 미안하다고 하는데 사과를 받는 나는 와닿지 않는 걸까요? 이유는 진심으로 미안한 마음은 직접 움직이고 능동적으로 표현할 때 진정으로 전달될 수 있기 때문이에요.

우리 아이를 다치게 한 아이 내지는 그 아이의 부모가 진짜 미안한 마음을 가지고 있다는데 알 게 뭐예요? 정작 우리 아이가 입원한 병원에는 코빼기도 안 보이고, 피해자인 내가 먼저 전화하고 카톡을 해야 미안하다는 답장이 오는데 이게 진심인지 아닌지 내가 뭘 어떻게 알 수 있느냐는 거지요. 결국 진정한 사과는 처음부터 끝까지 얼마나 충분히 사과를 할 수 있느냐에 따라 결정된다고 볼 수 있어요.

🍃 배우자의 마음에 병문안을 가세요

부부도 마찬가지예요. 내가 아무리 미안한 마음이 있어도 배우자의 마음에 병문안을 가지 않으면 상대방이 알 길이 없어요. "얼마나 아파? 오늘은 좀 괜찮아? 빨리 좋아졌으면 좋겠다"하고 먼저 말을 꺼내지도 않는데, 피해자인 배우자가 먼저 말 꺼내기 전까지 입을 꾹 닫고 있으면서 진심이 전달되기를 바라는 것은 앞뒤가 맞지 않습니다. 진심으로 미안한 마음은 직접 움직이고 능동적으로 표현할 때만 진정으로 상대에게 전달돼요. 그렇다면 우리가 어떻게 해야 배우자가 내 미안한 마음을 진심으로 느낄 수 있게 사과할 수 있을까요?

혹시 '잘못한 걸 괜히 들추면 긁어 부스럼이 되니 이 주제에 대해서는 최대한 말하지 말아야겠다'라고 회피하지는 않나요? 배우자가 내 잘못에 대해 이야기를 꺼내면 대답을 안 하거나 다른 주제로 말을 돌리진 않나요? 심지어 "지난번에 사과했잖아. 그 얘기는 그만해! 언제까지 그럴 거야?"하고 되레 화를 내고 있진 않나요?

힘들더라도 먼저 말을 꺼내세요. 먼저 병문안을 가고 갈 때는 꽃이나 음료수도 사 가세요. 상대방에게 '얼마나 아픈지, 좀 나아지고 있는지' 먼저 말을 붙이세요. 내가 당신을 이만큼 염려하고 미안해하고 있다고 먼저 이야기하세요. 그래야 당신의 진정 어린 사과가 상대방에게 닿을 수 있습니다.

사과를 해도 관계가 나아지지 않는 부부는 잘못한 사람이 충분한 사과를 하지 않아서 그래요. 중요한 것은 '사과'가 아니라 '충분히'라는 것을 기억해야 합니다. 그리고 이 '충분'은 사과를 하는 사람이 결정하는 게 아니에요. 사과를 받는 사람이 결정하는 거예요. "내가 언제까지 사과를 해야 하는 건데?"에 대한 답은 "상대방이 괜찮다고 할 때까지"입니다.

상처받은 배우자 혼자서 어려움에서 벗어나는 것은 정말 어렵습니다. 그래서 잘못한 배우자의 도움이 꼭 필요해요. 진

심으로 미안한 마음은 직접 움직이고 능동적으로 표현할 때
만 진정으로 전달됩니다. 내가 준 상처로 인해 상대방이 얼
마나 아픈지 먼저 말을 꺼내고 먼저 어루만져 주는 노력이
꼭 필요합니다.

🍃 사과는 온몸으로 하는 것

우리는 사과에 대해서 말로 하는 것이라는 착각을 많이 해
요. 하지만 사과는 말로 하는 것이 아니라 온몸으로 하는 거
예요. 아내의 마음을 풀어주기 위해 평소 절대 안 하던 집안
일을 열심히 하고, 핸드폰에 위치 공유 앱을 깔거나 비밀번
호를 풀어놓는 것은 진짜 사과가 아닙니다. 내가 큰 거짓말
을 해서 상대방이 상처 입었다면 일상에서 작은 거짓말도 하
지 않으려고 노력하며 계속해서 애를 쓰는 거고요. 내가 외
도를 했다면 상대방의 불안한 마음을 더 많이 들어주고 상대
방을 고통스럽게 할 수 있는 행동을 하지 않으려 애쓰는 노
력이 바로 사과라고 할 수 있어요.

내가 배우자에게 "사과를 정말 하고 싶다"라는 결심으로
노력할 때 명심해야 할 점이 있어요. 내가 하고 싶은 것을 하

는 게 아니라 사과를 받는 사람이 원하는 방식으로 사과를 해야 된다는 점이에요. 배우자가 무엇을 원하는지 어떻게 알 수 있을까요?

"내가 당신 마음이 풀어질 때까지 정말 노력하고 싶어. 그 런데 어떻게 해야 할지 내가 다 모르겠어. 혹시 어떻게 하면 당신 힘든 게 조금이나마 괜찮아질 수 있을까? 몇 가지만 말 해주면 내가 정말 노력해볼게. 그리고 이런 대화를 하게 만 들어서 내가 정말 미안해."

이렇게 진심을 담아서 배우자에게 물어보면 돼요. 이것은 예시를 든 것일 뿐이지만, 진심이 담겨 있다면 어떤 이야기 든 사과의 출발이 될 것입니다. 내가 상대방을 위해 애쓰는 이 모든 노력이 바로 사과이기 때문이에요.

원하는 것을 얻는 대화법

🌿 **강요보다 따뜻함이 더 강하다**

어느 날, 해와 바람은 내기를 합니다. 해와 바람은 누가 더 힘이 센지 가리기 위해 길을 걷고 있는 나그네의 외투를 누가 벗게 할 수 있는지 경쟁을 시작했어요. 먼저 바람이 나그네를 향해 강한 바람을 불었습니다. 하지만 바람이 입김을 불면 불수록 나그네는 입고 있는 외투를 더 꽉 움켜쥐었어요. 바람이 아무리 세게 입김을 불어도 나그네는 더욱 몸을 움츠리며 외투의 단추를 꼼꼼히 채웠습니다. 해는 입김을 부느라 지친 바람을 향해 빙긋이 웃고는 나그네에게 따뜻한 햇볕을 쬐어 주었어요. 그러자 나그네는 따뜻해진 날씨에 기분 좋게 외투를 벗었습니다.

이는 우리가 잘 알고 있는 '해와 바람'이라는 이솝우화예요. 이 이야기는 때로 강요보다 따뜻함이 더 강한 힘을 발휘할 때가 있다는 교훈을 줍니다. 이 이야기를 부부나 연인 사이에도 그대로 적용해볼 수가 있어요.

사랑하는 사람에게 원하는 것이 있을 때 그것을 어떻게 전달하느냐를 생각해볼 수 있는 거죠. 바람처럼 전달할 수도 있고 때로는 햇빛처럼 전달할 수도 있겠지요. 내가 열심히 일하고 퇴근해서 집에 왔어요. 남편 혹은 아내가 나를 별로 반기지 않는다면 기분이 어떨까요? 내가 퇴근했을 때 집에 있는 배우자가 환하게 웃어주고 인사해주는 얼굴을 보고 싶은 마음은 누구에게나 있습니다. 혹은 내 배우자가 주말에 아이들과 더 많은 시간을 아주 즐겁게 보내주기를 바라는 마음도 있을 수 있지요. 또는 상대방이 먼저 연락해 주기를 원할 때도 있어요. 이 모든 것들은 상대방이 나를 더 생각해주고 나를 아껴주었으면 하는 이런 바람이자 요청이고 내 생각들이에요.

처음에는 부드럽게 부탁할 수 있지만, 상대방이 들어주지 않으면 화가 나고 말이 점점 거칠게 변해요.

"왜 내가 계속 얘기하는데 안 들어주는 거야?"

"퇴근한 사람 반겨주는 게 그렇게 어려운 거야?"

"나는 평일 내내 애들 보는데 당신은 주말에 애들이랑 놀아주는 게 그렇게 힘들어?"

"왜 연락은 나만 해. 당신은 연락 못 해?"

마치 바람이 나그네의 옷을 벗기기 위해서 강한 입김을 계속해서 불고 있는 것과 비슷해요. 그러면 상대방은 꽁꽁 얼어붙어서 마음의 외투를 더 꽉 움켜쥘 뿐이지요. 우리가 누군가에게 따뜻하게 요청을 받는다면 우리는 그것을 말하지 않아도 더 해주고 싶은 마음이 들 거예요.

예를 들어, 남편이나 아내가 퇴근 후 회식이나 친구를 만나는 일들로 요즘 귀가 시간이 좀 늦어요. 그럴 때 배우자가 "일찍 일찍 좀 들어와!"라고 말하면 방어적인 마음이 들 수 있겠죠. 대신 이렇게 말해보는 거예요.

"여보, 오늘 하루 어땠어? 많이 힘들었겠다. 혹시 내일 나랑 저녁 식사할 수 있을까? 당신이랑 같이 저녁 먹은 지 좀 오래된 것 같아. 자주 저녁 시간을 같이 보내면 참 좋을 것 같아."

상대방으로부터 이런 따뜻한 요청, 진심 어린 요청을 받았을 때 우리는 다른 일을 다 제쳐두고라도 기꺼이 해주고 싶은 마음이 듭니다. 남뿐만 아니라 부부 사이에서도 내가 상대방에게 진정으로 바라는 것이 있다면 따뜻한 말로 요청할 수 있어야 해요. 상대방을 위함도 있지만 또한 나를 위해서이기도 하지요.

내가 원하는 게 있고, 받고 싶은 게 있을 때 상대방에게 따뜻하게 부탁하고 내 진심을 밝히면서 이야기하면 내가 원하는 것을 상대방에게서 얻어내기가 훨씬 수월해요. 그러니 결국 어떻게 보면 '나를 위해서'라는 말이 맞는 것이지요. 내가 바라는 것을 잘 전달하는 것은 서로에게 있어 큰 의미를 가집니다. 이것이 진정한 이해와 사랑의 힘이고 우리가 모두 지향해야 될 방향이에요.

🌿 구체적으로 고맙다고 말하기

외박을 하지 않는 이상 항상 집에 가면 물과 공기처럼 배우자를 만날 수 있습니다. 아침에 잠에서 깨면 언제나 옆에 누워 있고, 밥도 함께 먹고, 아이도 같이 키우면서 하루 중 많은 시간을 붙어 있기 때문이지요. 매일 내 곁에 배우자가 있는 것이 당연하다고 생각할 수 있지만 이는 참 고마운 일이에요. 하지만 우리는 매번 고맙다는 표현을 하지 못하지요. 그래서 오늘부터라도 배우자에게 하루에 한 가지씩 구체적으로 고맙다는 말을 해보는 것을 추천합니다. "그냥 다 고마워"라고 두루뭉술하게 하지 말고 칭찬과 더불어 구체적으로 말이지요.

"오늘 집이 너무 깨끗하다! 정리하고 치워줘서 고마워."
"오늘 우리 가족을 위해 밖에서 열심히 일해줘서 고마워."
"날이 더운데 아이가 뽀송뽀송하네! 힘들었을 텐데 깨끗이 씻겨줘서 고마워."

정말 사소하고 일상적이지만 구체적으로 집어서 "당신이 이렇게 해줘서 얼마나 고마운지 몰라" 이렇게 말하는 거죠. 처음에는 시작하기도 어렵고 굉장히 어색할 수 있지만, 시작이 어렵지 한두 번 하다 보면 계속하게 되는 중독성을 가지고 있습니다. 왜냐하면 내가 한번 고맙다고 하면 조만간 배우자로부터 더 큰 감사가 돌아오게 돼 있기 때문이에요. 어색하더라도 2주 정도만 꾹 참고 해보면 부부 관계가 굉장히 좋아지는 것을 느낄 수 있을 거예요.

심지어 고맙다는 말 한 마디를 서로 주고받는 것만으로도 부부가 가진 갈등들이 자연스럽게 해결되는 경우가 많습니다. 반드시 갈등을 주제로 대화하지 않더라도 어느 순간 자연적으로 해결이 되거나 잘 풀리는 경험을 할 수 있어요. 아닌 게 아니라 정말 배우자야말로 내겐 가장 고마운 사람이잖아요. 그러니 쑥스럽다는 이유로, 어색하다는 이유로 배우자에게 고맙다는 말을 아끼지 않았으면 좋겠습니다.

PART 3

깨진 그릇,
어떻게 회복할까

성격 차이를 줄이는 법

"결혼하기 전엔 몰랐는데 함께 살아보니 안 맞는 게 너무 많아요."

"결혼하고부터 이 사람이 달라진 것 같아요. 연애 땐 안 그랬는데…."

"성격이 너무 달라서 매사에 부딪혀요. 이젠 싸우기도 지쳐요."

많은 부부가 '성격 차이'를 이유로 이혼을 합니다. 하지만 이 세상에 나와 성격이 정말 비슷한 사람은 나 외에 아무도 없을 거예요. 예를 들어, 내 성격을 그대로 본뜬 사람을 만들어 함께 살더라도 얼마 못 가 "우리는 성격 차이가 너무 많이 나요" 하고 다투는 게 바로 부부 사이입니다. 반면, 사이가 좋은 부부는 오히려 "우리의 성격이 다르기 때문에 행복하다" 라고 말해요. 이러한 부부는 성격의 차이라는 것이 다툼의 이유라기보다는 삶을 풍부하게 만드는 큰 장점으로 느끼면서 살아가는 것이죠.

배우자와의 성격 차이로 갈등을 겪고 있고, 그 문제를 해결하고 싶다면 상대방이 가진 성격을 내가 얼마나 이해하려고 노력했는지 스스로 질문해 보았으면 해요. 상대의 단점을 짚어내는 데 시간을 쓰는 것이 아니라 이해하고 포용하기 위해 우리는 굉장히 애써야 해요. 배우자가 나와 다른 성격을 가질 수밖에 없었던 그 사람의 삶의 궤적을 떠올리면서 그 안에서 배우자를 이해하려는 많은 노력을 기울여야 하지요.

🍃 누구든 먼저 시작하면 된다

부부 갈등의 회복은 누구든 한 사람이 먼저 변화를 시작하는 데서부터 출발하는 게 핵심이에요. 내가 먼저 상대를 수용하기 위해 노력하는 것이 상대방에게 전달된다면 배우자

또한 같은 노력을 보여줄 것이기 때문이에요. 결혼이라는 것은 각자의 삶을 사는 두 사람이 그저 한 공간에 사는 것을 의미하는 게 아니에요. 두 사람이 상대방을 챙기고 배려하면서 부부로서의 또 다른 삶을 함께 만들어 가는 노력의 과정, 바로 그게 결혼 생활이지요.

주변이나 TV에서 본 행복하게 사는 부부의 모습을 한번 떠올려 볼게요. 이들은 성격이 비슷하기 때문에 잘 살고 있는 걸까요? 전 아닐 거라고 생각해요. 두 사람이 가진 차이를 충분히 이해하고 상대방을 받아들이려는 끊임없는 노력이 있기 때문에 행복한 결혼 생활을 할 수 있는 겁니다.

오늘부터라도 배우자에게 당신이 가진 모습을 더 이해하고 받아들이기 위해 노력하겠다고 먼저 이야기를 꺼내 보세요. 어쩌면 배우자도 그런 이야기를 먼저 해주기를 기다렸을지도 모르니까요. 그리고 좀 더 나아가서는 '내가 노력하고 있다'라는 것보다 상대방이 느끼기에 '아, 저 사람이 우리의 차이를 극복하기 위해서 나를 이해해주고 노력하고 있구나'를 알게 해주는 게 중요해요. 즉 내가 노력한다는 것보다 배우자가 '저 사람이 노력하고 있구나'라는 것을 알게 해주는 거예요. 그러면 내가 하고 싶은 노력을 하는 게 아니라 상대방이 받고 싶어 하는 노력을 하게 되겠지요.

🍃 깊이 있는 대화가 성격 차이를 줄인다

제가 상담했던 부부의 사례입니다.

당시 결혼한 지는 1년 정도 되었고 남편의 성격은 굉장히 주도적이었어요. 자신이 모든 것에 다 관여하고 해결하기 위해 굉장히 애쓰는 성격이었지요. 그래서 아내가 본인에게 조금 더 기대고 의존해주기를 항상 원했어요. 하지만 아내는 남편이 늘 자신과 상의하길 바라고 허락을 받길 원하니까 스스로 할 수 있는 것들을 계속 잃어버리는 느낌이 들고, 남편이 자신의 손발을 묶어놓고 통제하는 듯한 기분이 계속 들었죠. 아내가 자신과 상의 없이 중요한 결정을 혼자서 할 때면 남편은 '나는 아내에게 중요한 사람이 아닌가? 난 인정받지 못하는 가장이야. 혹시 아내가 나를 의지할 수 없는 사람이라고 느끼는 걸까? 내가 그렇게 믿음직스럽지 못한가?'라며 굉장히 괴로워했어요. 남편은 항상 "당신은 왜 당신 마음대로 결정하려고 해?"라며 분노하고, 아내는 "왜 당신은 내가 아무것도 못 하게 만들어?"라고 화를 냈지요.

치료를 해 나가는 과정에서 두 사람의 성장 배경에 대해 이야기를 나눴어요. 왜 남편은 그럴 수밖에 없었는지, 아내 또한 왜 그런 삶을 살 수밖에 없는지 이해하는 시간을 가졌지요. 아내는 주도적으로 애쓰며 살지 않으면 불행해질지도 모른다는 생각을 오랫동안 가져왔던 사람이었어요. 그래서 자신의 손발을 묶는 것을 너무나 불안해하고 괴로워했던 거죠. 남편은 아내의 이야기에 '이 사람이 좀 더 주도적인 삶을 살 수 있게 도와줘야 되는구나' 하고 깨닫기 시작했어요.

반면 남편은 내 가족을 돕는 과정 안에서 자신의 위치를 확인해 가는 사람이었어요. 왜냐하면 어렸을 때부터 '내가 가족의 중심이 되어서 아내와 태어날 아이들을 이끌고 정말 멋진 가장이 되어야겠다'라고 꿈꿔왔기 때문이에요. 아내도 점차 남편이 어떤 사람인지 이해하게 되면서 이 부부는 치료를 성공적으로 종결했고 사이가 굉장히 좋아졌어요.

예전에는 서로의 성격이 마음에 들지 않아서 하루가 멀다 하고 다투기만 했다면 치료 이후에는 '이 사람은 우리의 결혼 생활을 잘 해 나가기 위해서 진심으로 애쓰는 사람이구나. 내가 그것을 이해하지 못했구나'라는 것을 깨닫게 되면서 누구보다 행복한 결혼 생활을 이어가고 있습니다.

결국 중요한 것은 성격의 차이 때문에 우리가 다투는 게 아니라는 거예요. 부부 사이가 멀거나 혹은 서로를 이해하기 위한 노력을 덜 하기 때문에 성격의 차이가 더욱 도드라져 보이는 것이라고 이해를 했으면 좋겠습니다.

투명 인간 부부의 세계

아이가 태어나면 새벽에 자주 깨어야 하는 문제로 각방을 쓰기 시작하는 부부가 많습니다. 하지만 이것은 물리적인 거리뿐 아니라 심리적인 거리까지 멀어지게 할 수 있어요. 시간이 갈수록 각방을 쓰는 것이 오히려 더 편하게 느껴지고, 다시 함께 방을 쓰는 것이 어색해질 수도 있지요. 이럴 때는 각방 생활에 익숙해지는 것을 경계하고 일주일에 며칠이라도 부부가 함께 방을 쓰는 노력을 하는 것이 좋습니다. 또 아이가 어느 정도 자라면 수면 환경을 분리해주는 것도 부모와 아이를 위해 필요한 일일 수 있어요.

부부 사이가 소원해지지 않도록 가끔 둘이서 차를 마시거나 맥주라도 한잔하면서 예전에 아이가 없었던 때처럼 시간을 보내는 것을 추천합니다. 혹은 주중에 잠깐이라도 다른 가족에게 부탁해서 아이가 없는 환경을 마련해보는 것도 상당히 도움이 될 수 있어요.

🍃 자주 싸운다면 별거가 해결책이 될 수 있을까

"자주 다투는 것이 너무 지치고 힘든데 별거를 하는 것이 해결책이 될까요?"라는 질문을 받은 적이 있습니다. 사실 대화 없이 소원하게 지내는 것과 별거는 다르지 않아요. 어쩌면 한 집에서 말을 하지 않고 사는 것보다 별거가 더 나쁜 선택일 수도 있습니다. 예를 들어, 별거 기간 동안 부부 치료를 받는다든지, 개인 치료를 받는다든지, 어떤 노력을 하겠다는 명확한 계획이 있으면 모르겠지만, '너무 지치니까 우리 그냥 안 보고 살자'라는 것은 잠정적 이혼과 다르지 않거든요. 이것은 해결이라기보다 도망이라고 보는 것이 맞습니다.

그리고 별거를 했다가 재결합할 때 어색함이나 불편함을 느낄 수 있는데 함께 살기 시작했다고 해서 예전의 관계

로 돌아가는 것을 목적으로 삼거나 기대해서는 안 돼요. 그
것을 목표하거나 기대하면 보통은 실패하는 경우가 많기 때
문입니다. 그것보다는 우리가 다시 어떤 새로운 것들을 만들
어 갈 수 있을지 대화를 나누면서 판을 새로 짜야 하는 것이
지요. 결국 예전처럼 돌아간다는 것은 별거하기 전의 상태로
되돌린다는 말밖에 안 되거든요. 우리가 이전보다 얼마나 서
로를 아껴줄 수 있을지, 예전과 달리 우리가 무엇을 새롭게
시작할 수 있을지를 많이 이야기하면서 앞으로 어떤 시간을
보낼지를 고민하는 것이 더 긍정적인 방향이 될 것입니다.

🍃 새로운 유대관계 만들기

결혼 초에는 서로 맞춰 가느라 많이 싸우다가 어느 정도
시간이 흐르면 서로가 지쳐서 투명 인간 대하듯 모든 것이
단절된 상태로 지내는 부부들이 있습니다. 다투고 갈등이 생
기는 것보다는 차라리 말을 하지 않고 서로 건드리지 않는
것이 에너지 소모가 적기 때문이지요. 하지만 이런 부부는
몸은 함께 집에 있지만 정서는 이혼 상태와 비슷해요. 싸우
지 않는 것이 해결책은 아닙니다. 결국 이 상태를 지속하게

된다면 두 사람 사이를 점점 남인 관계로 유지해 나가겠다는 선언과 같은 것이거든요.

이러한 경우에는 두 사람 사이에 유대관계를 새롭게 만들어 나가야 합니다. 관계의 첫걸음은 대화이기 때문에 '우리가 왜 이렇게 됐고, 무엇 때문에 싸우고, 어째서 아무 말이 없어지고 이렇게 소원해졌는지'에 대해서 꼭 이야기를 나누어야 해요. 말을 하지 않고 서로가 투명 인간 취급을 하며 한 집에 사는 것이 지속되면 문제는 영원히 해결되지 않을뿐더러 정상적인 건강한 부부 관계와는 오히려 계속해서 멀어지게 될 것입니다.

🌿 몸이 멀어지면 마음도 멀어진다

주말부부로 지내던 부부가 남편의 외도 갈등으로 병원을 방문했습니다. 이 부부는 결혼 직후부터 직장의 특성이나 위치상 주말부부로 지내야만 했어요. 아내가 해외에 몇 달씩 나가 있을 때도 있고, 가끔은 주말에 만나지 못하는 날도 부지기수였지요. 그러다 남편은 예전에 알던 여성과 가끔 문자를 주고받게 되었고, 점차 연락이 잦아지자 실제로 만나 밥도 먹고 차도 마시며 시간을 보냈습니다.

아내는 어느 날 대수롭지 않게 남편의 휴대폰을 보다가 다른 여성과 연락을 주고받는 메시지를 보게 되었고 남편에게 이혼을 통보했어요. 그러나 남편은 퇴근 후 시간이 무료해서 만났을 뿐 아무 관계도 아니라고 했고, 결국 부부는 치료를 위해 저에게 찾아온 것이었습니다.

상담을 진행하면서 부부는 결혼 후 한 번도 허심탄회한 대화를 해본 적이 없다는 사실을 깨달았습니다. 직장 일에 치여 하루하루 배우자가 어떻게 지내는지도 모른 채 각자의 생활을 하는 데 집중하느라 제대로 된 대화를 한 번도 해본 적이 없었던 것이지요.

두 사람은 상담을 받으며 정말 많은 노력을 했어요. 남편은 진심으로 자신의 잘못을 인정하며 아내에게 사과했고, 아내의 마음이 풀어질 때까지 밑바닥부터 신뢰를 다시 쌓아가며 애를 썼습니다. 그리고 가장 큰 문제였던 주말부부 생활을 청산하기로 했어요. 이직을 통해 부부가 매일매일 얼굴을 마주할 수 있는 지역에 새로운 집을 얻고, 퇴근 후 남는 시간에는 외식도 하고, 영화도 보러 다니며 둘만의 시간을 보냈어요. 결국 시간이 흘러 아내도 남편을 용서해주었고 지금은 이전보다 더 화목하게 잘 살고 있습니다.

연인이나 부부, 친구 모두 마찬가지예요. 몸이 멀어지면 마음도 멀어질 수 있다는 것이 그냥 있는 말은 아니에요. 힘들더라도 우리의 행복한 관계를 위해서는 애씀과 노력이 필요합니다.

'셀프 효도'가 고부갈등의
해법이 될 수 있을까

원가족과의 관계로 갈등을 겪는 한 부부가 저를 찾아왔습니다.

남편은 "아내가 항상 내 부모님과 여동생에 대해 비난하거나 화만 낸다"라고 토로했고, 아내는 "시부모님과 시누이가 자꾸만 우리 가정에 끼어들고 간섭하는 것이 지긋지긋하다"라고 하소연했습니다. 가끔은 아무 연락도 없이 불쑥 시부모님이 찾아와 며칠씩 머물다 가기도 했고, 여동생은 직업도 없이 수시로 남편에게 용돈을 요구했다고 말이지요.

이러한 사례는 주변에서나 TV에서도 자주 볼 수 있어요.

결국 시댁을 포함해서 상대 배우자의 원가족과 문제가 생기는 사례를 보면 부부가 효자나 효녀인 경우들이 굉장히 많습니다. 효자, 효녀라는 것은 아내나 남편이 분명 힘들다고 이야기하는데 도리어 "당신이 좀 참아" 또는 "당신이 우리 부모님께 조금 더 신경을 써줬으면 좋겠어"라고 말하는 사람들을 말해요. 아들, 며느리, 딸, 사위, 손자, 손녀라는 원가족 중심의 관점은 요즘 시대에 맞지도 않습니다. 이는 옛날 대가족이 흔하던 시절의 시각이지요. 지금은 핵가족 시대를 넘어서서 1인 가구 시대입니다. 그래서 요즘 결혼하는 젊은 세대는 미리부터 시댁과의 갈등 또는 처가와의 갈등을 최소화하기 위해 각자의 부모에게만 잘하자는 '셀프 효도'를 대안으로 제안하기도 하지요.

🍃 가족의 범위

남녀가 만나 한 가정을 이루고 나서도 여전히 각자의 부모, 형제를 한 가족이라고 생각하는 부부들이 많습니다. 하지만 엄밀히 말하면 남편에게 가족은 아내이고, 아내에게 가족은 남편뿐입니다. 자녀가 있다면 당연히 자녀까지 포함해서 한 가족일 테고요. 저는 진료를 볼 때 내담자의 부모, 형제를 '원가족'이라는 용어로 바꿔 칭합니다. 결혼을 하고 나면 원가족은 더 이상 가족이 아니라는 것도 명확히 말씀드려요. 즉 원가족과의 갈등이 생기는 이유는 결혼을 해서 새 가족을 꾸렸는데도 여전히 가족의 범위를 헷갈려 하는 데에 있어요.

특히 고부갈등은 남편 스스로 자신이 '남편'이라는 사실을 잊고, 시어머니도 아들이 여전히 자신의 '아들'이라고 착각하기 때문에 생기거든요. 우리나라에서는 부모가 성인이 된 자녀의 학비와 용돈, 결혼 자금까지 내주고 맞벌이 자녀들을 위해 손주까지 돌봐줍니다. 그렇다 보니 서구 사회와는 다르게 결혼한 자식도 가족이고, 자리 잡을 때까지 뒷바라지해주신 부모님도 가족으로 생각하는 경향성이 큽니다. 그만큼 한국은 부모에게서 독립하기까지 시간이 가장 오래 걸리는 국가 중에 하나예요.

또한 너무 짧은 시기에 시대가 많이 변했습니다. 한국은 전통적인 유교 사회를 겪은 세대, 산업화 사회에서 열심히 일하며 산 세대, 손가락 하나로 모든 것을 해결하는 디지털 세대가 한 집에 거주하고 있는 아주 특이한 문화이지요. 우리는 익숙해서 당연하다고 여기지만 다른 나라와 비교해 보면 참 독특한 세대 구성이죠. 엄청나게 빠른 시기에 사회상이 크게 변하다 보니 이런 문제들이 생기는 것입니다.

🍃 해결법은 '조율'

원가족과의 갈등을 해결하는 방법은 남편 또는 아내가 중간에서 조율을 하는 것입니다. 고부갈등을 예로 들어, 어머니가 결혼한 아들 집 근처에 살면서 수시로 불쑥불쑥 찾아온다면 아내로서는 불편하기도 하고 꼭 감시받는 것 같은 기분이 들겠죠. 부모는 '내가 내 자식 집에 오는 게 잘못된 거야?'라고 생각할 수 있지만, 아들 입장에서는 가정의 부부 싸움으로 이어질 수도 있는 문제가 될 수 있어요. 그러면 남편은 어머니께 이렇게 말할 수 있어야 해요.

"미안한데 엄마가 그렇게까지 참견하면 안 될 것 같아. 이 집은 나랑 아내가 살고 있는 집이지 엄마 집은 아니잖아. 그래서 비밀번호를 알려줄 수도 없고 연락도 없이 불쑥 찾아오는 것도 좀 아닌 것 같아. 나도 이제 새 가정을 꾸린 가장이잖아. 엄마가 진짜 서운할 수 있겠지만 기본적인 거리는 좀 지켜줬으면 좋겠어."

아마 이렇게 이야기한다고 해서 어머니가 바로 수긍하지는 않을 거예요. 감정적으로 많이 서운해하며 "내가 널 어떻게 키웠는데…. 결혼하더니 변했구나"라는 말을 들을 수도 있지요. 하지만 이 정도는 아들로서 견뎌내야 해요. 어머니에게도 시간이 필요하니까요. 그리고 아내에게도 이야기를 해야 합니다.

"엄마가 나를 굉장히 힘들게 키워서 그러신가 봐. 내가 항상 옆에 있다가 결혼하고 나와서 사니까 어떻게든 한 번 더 보고 싶으셨던 것 같아. 챙겨주시려고 저렇게 하시는 거니까 당신도 이해를 좀 해줬으면 좋겠어. 그래도 엄마한테 거리는 지켜달라고 분명히 이야기는 했으니까 당신도 시간을 가지고 지켜봐 주었으면 좋겠어."

이 과정은 한두 번으로 절대 끝나지 않습니다. 5년이 걸리든 10년이 걸리든 어머니와 아내 사이에서 꾸준히 설명하고 애쓰는 태도를 보여줘야 해요. 그러면 어머니도 더 이상 내 아들이 아니라 한 가정의 가장이라는 걸 서서히 받아들이고, 아내도 아이를 키우면서 어머니의 마음을 점차 이해하게 될 거예요. 이러한 조율은 가정의 안정을 위한 가장의 중요한 역할이라고 볼 수 있어요.

🌿 부부가 회복되면 원가족과도 화목해진다

이 부부는 여러 차례의 상담과 치료를 통해 남편이 용기를 내어주었습니다. 부모님께 단호하게 "우리 가정에 참견하지 않았으면 좋겠고, 우리 집에 올 때는 반드시 미리 연락을 하고 오시면 좋겠다"라고 말씀하셨고, 매번 용돈을 달라던 여동생에게도 "앞으로 용돈은 줄 수 없으니 네가 직업을 갖든지 알바를 해서 스스로 자신을 책임져"라고 말했습니다. 물론 원가족의 반발이 없었던 것은 아니에요. 하지만 그동안 보여주었던 모습과 다른 아들의 태도에 부모님도 점차 무례한 행동을 줄이셨고, 그 이후 여동생도 더 이상 오빠에게 손을 벌리지 않았습니다. 아내 역시 남편이 이러한 용기를 내준 것에 대해 진심으로 고마워했고, 가정을 지키고 싶어 하는 남편의 마음을 점점 더 이해하는 계기가 되어 무사히 치료가 종결될 수 있었어요.

제가 "남편분은 이제 원가족보다는 내 가족인 아내를 먼저 챙기셔야 해요"라고 말하면 대부분 남편의 얼굴 표정이 어두워지곤 합니다. 원가족에게 어떻게 말해야 할지 두렵기도 하고, 후폭풍을 마주할 용기가 없기 때문입니다. 하지만 내 가정의 행복과 안정을 바란다면 그 정도의 결단은 필요합니다.

부부가 중심이 되어 관계가 회복되고 나면 원가족과의 사이도 원만해지는 것을 저는 많은 사례를 통해 경험했습니다. 부부 사이에 갈등이 있으면 부모에게도 잘할 수 없어요. 당연하겠지요. 부부가 서로를 미워하고 매일 다투는데 시댁, 처가에 잘할 수 있을까요?

"곧 장모님 생신인데 어디 좋은 데로 식사하러 갈까?"

"시아버님 칠순인데 기념으로 우리 다 같이 해외 여행하면 좋겠다!"

부부 사이가 좋아야 이런 대화를 자연스럽게 나눌 수 있어요. 부부의 관계가 화목하면 당연히 이러한 영향이 원가족에게도 미칠 수 있는 것이지요. 그래서 저는 원가족 사이에 갈등이 있는 부부가 오면, 원가족에 대한 치료를 거의 진행하지 않아요. 부부 사이가 먼저 회복된 후에 생각해보자고 하지요. 저는 결론이 어떻게 될지 알고 있거든요. 부부 사이가 좋아지면 원가족과의 갈등 문제는 등장하지도 않아요. 왜냐하면 자연스럽게 해결되기 때문이에요.

명절만 지나면
늘어나는 이혼 갈등

　명절이 다가오면 유독 우울해지는 부부들이 있습니다. 시댁에 내려가기 몇 주 전부터 괜히 예민해지고, 지난 명절에 있었던 일도 생각나고, 집으로 돌아오는 차 안에서 또 싸우게 되지 않을까 걱정하는 부부들이 많아요. 제가 부부 치료를 하면서 명절이 끝나고 자주 듣는 아내들의 이야기가 있습니다.

　"시댁에 가면 늘 일은 저 혼자서만 해요. 내가 일하려고 시집왔나 하는 생각이 들어요."

　"음식 장만을 그렇게 했는데… 시댁에서는 당연하다는 듯

수고했다는 말 한 마디도 들을 수 없어요."

"아가씨는 뒤늦게 와서 항상 다 해놓은 데 숟가락만 얹어요. 너무 얄미워요."

"저는 자기네 집에서 죽어라 일만 하고 있는데 남편은 친구들 만나러 나가버리니 너무 짜증 나요."

"제가 부당한 대우를 받고 있어도 남편은 나 몰라라 해요. 남편에게 '당신은 왜 아무 말도 안 해? 당신도 내가 이런 취급을 받는 게 당연하다고 생각하는 거야?'라고 물었지만 들은 척도 하지 않아요. 결국 돌아오는 차 안에서 이혼하네 마네 한바탕 전쟁을 치렀죠."

서양과 한국의 문화를 비교하면서 이러한 명절 갈등의 원인을 살펴보도록 하겠습니다.

🍃 전통사회에서 며느리의 위치

한국은 조선시대 이후 유교 사상이 강하게 뿌리내렸습니다. 사실 유교가 연령 차별이나 성차별을 조장하는 사상은 결코 아니에요. 다만, 신분 질서를 강화하기 위해 특정한 가르침이 너무 강조되기 시작하면서 연장자와 남성의 인권이 강조되고, 상대적으로 나이가 적거나 여성인 경우에는 인권이 덜 중시되는 문화가 자리를 잡았지요. 따라서 젊은 여성이면서 한 가정의 이방인, 그게 바로 며느리의 위치였어요.

한국은 오랫동안 대가족이 모여 살았습니다. 왜냐하면 농경사회는 기술이 아닌 노동력이 중시되기 때문에 노동력이 많아야 먹고살 수 있었기 때문이지요. 보통 3대, 그 이상이 모여 살았어요. 자연히 시부모, 그 위로는 시조부모가 있었고, 시누이를 비롯한 남편의 형제들도 같이 살아야만 했지요. 한 집안에 새로 시집온 며느리는 항상 눈치가 보이고 순종적인 태도를 강요받은 면이 있어요. 이렇게 시집 식구들이 많은 시월드에 혈혈단신으로 들어가 살아야 하는 불편한 상황이 며느리에게 주어진 전통적인 가정의 모습이라고 할 수 있습니다. 심지어 '귀머거리 삼 년이요, 벙어리 삼 년이라'라는 시집살이 속담도 있잖아요. 여성이 출가하면 들어도 못 들은 척, 말하고 싶어도 말 못 하는 채로 살아야 한다는 뜻입니다. 어느 나라나 속담이라는 것은 어떤 민족이나 문화의 상징을 반영해요. 그래서 이러한 생각이 우리 문화 전반에 깔려 있었던 것이 사실이지요.

옛날 일이라고 생각하지만 실은 그렇지도 않아요. 지금도 여전히 그렇게 생각하는 시어머니들과 남편들이 있거든요.

시댁에 대한 부부의 다툼은 바로 이 지점에서 시작하는 것입니다. 한국은 아주 빠르게 산업화가 진행되어서 대가족이 익숙한 장년층과 핵가족이 익숙한 젊은 세대가 함께 살고 있는데다, 현 50~60대분들은 실제로 젊었을 때 시집살이를 경험했기에 '며느리라면 응당 시댁에 잘해야지'라는 생각을 하고 있어요. 반면 지금 20~30대는 '나는 남편과 결혼한 거지 당신 집안의 며느리로 들어간 게 아니다'라는 생각이 확고하죠. 즉 고부갈등은 이러한 생각 차이에서 생기고 이 갈등은 지낼수록 점점 악화되는 구조를 가지고 있습니다.

🌿 서양 문화와의 비교

당연히 서양에도 고부갈등이 있어요. 하지만 며느리와 시어머니의 갈등이 유달리 큰 것은 아닙니다. 며느리와 시아버지의 갈등, 남편과 장인어른의 갈등 모두 대등한 위치에서 겪는 갈등 문화예요. 새롭게 가족이 된 사람들끼리 있을 수 있는 갈등인 것이지 한국처럼 유달리 고부갈등이 더 큰 것은 아니에요. 핵가족의 문화가 워낙 오랫동안 자리를 잡았고, 서양은 결혼을 한 자녀가 독립된 가정을 꾸리면 간섭하지 않는 것이 당연하다고 생각하는 문화가 있기 때문이지요.

심리적으로도 한국 문화에서는 아들에 대한 어머니의 사랑이 무척 각별합니다. 평생을 애지중지 키워온 아들이 결혼하면 놓아줘야 하는데 가정은 따로 꾸렸지만 엄마도 아들을, 심지어 아들도 엄마와 정서적인 독립이 안 되어 있는 경우가 많은 게 현실이에요. 그래서 결혼해서 자녀가 있는 가정의 남편에게 "당신의 가족은 누구입니까?" 하고 물으면 "아내랑 아이랑 저희 부모님이죠"라고 대답하는 경우를 심심치 않게 들을 수 있습니다. 이렇게 '가족의 범위'에 당연히 부모가 등장하는 경우 부모로부터 정서적 독립이 미처 되어 있지 않는 경우라 볼 수 있어요.

🍃 고부갈등 해결법

결혼한 사람에게 가족이란 같이 살고 있는 아내(혹은 남편), 아이들이라는 사실을 조금 더 받아들일 필요가 있습니다. 결국 고부갈등은 아들을 여전히 놓아주고 싶지 않은 어머니와 남편을 온전히 내 사람으로 만들고 싶은 아내와의 갈등이라고도 볼 수 있거든요. 중요한 건 고부갈등을 해결할 수 있는 사람은 아내와 시어머니가 아니라 바로 아들이자 남편인 쪽이라는 사실입니다.

시어머니 입장에서는 결혼을 하더니 아들이 왠지 자주 연락하지 않는 것 같고, 며느리는 우리 아들을 잘 안 챙겨주는 것 같고, 내가 가만히 있으면 계속 멀어질 것만 같은 불안감이 들어요. 어머니가 느끼는 이 불안감과 서운함을 아들로서 얼마나 들어주고 이해해 드렸는지 생각해봐야 합니다. 전화도 자주 안 하고, 심지어 아내에게 서운한 점을 그대로 어머니께 털어놓으면 어머니는 며느리를 믿지 못한 채 더 불안해하고 참견할 수밖에 없겠죠. 또한 결혼을 했는데 매번 어머니만 챙기고 어머니 편을 들어줄 때마다 속상해하는 아내를 얼마나 보듬어줬는지도 생각해봐야 해요. "엄마가 원래 그래. 당신이 좀 이해해. 엄마도 우리 생각해서 그러는 거지"라고 말하면 아내는 누가 이해해줄 수 있을까요?

고부갈등의 해결법을 아내의 입장에서, 시어머니의 입장에서, 아들이자 남편의 입장에서 각각 살펴보도록 하겠습니다. 먼저 아내의 입장에서 한번 이야기해 볼까요?

시어머니가 우리 가정에 대해 많이 참견하는 것처럼 느껴지고, 남편이 "이 정도 가지고 뭐가 불편하다고 그래? 어머니 좀 이해해"라고 하면 정말 말도 안 되게 마음이 답답해요.

그럴 때 "내 생각보다 남편과 어머니 사이가 참 가깝구나" 하는 생각도 해보고요. 남편이 너무 내 마음을 몰라주는 것 같아서 속상할 때는 자신의 마음을 잘 설명해보는 것이 중요해요. "어머니가 나한테 이러실 때 내가 좀 힘든데 당신이 그냥 내 이야기만이라도 잘 들어줬으면 좋겠어. 어머니 흉보는 게 아니야. 어머니 입장도 알지만 나는 아직 좀 받아들이기 힘들어" 하고요. 남편에게 이야기하면서 원하는 것도 말하면 남편도 알아들을 수 있을 거예요. 또 앞으로 결혼 생활 동안 천천히 아들에서 남편으로, 점차 아이들의 아빠로서 역할을 바꾸어 나갈 배우자에게 시간을 좀 주도록 합니다. 배우자도 처음 남편이 되어 보는 것이니까 자신의 역할에 대해 알아나갈 시간이 필요해요. 그러니 아내도 여유를 가지고 남편을 기다려 주면 좋겠어요.

이번엔 시어머니 입장에서 한번 생각해보지요. 그래도 요즘 많은 시어머니가 깨이셔서 며느리도 딸처럼 예뻐하고 이해하는 분들이 많아요. 하지만 여전히 그것이 어려운 분들도 계시지요. 그렇지만 무엇보다 아들이 결혼하면 독립된 가정생활을 할 수 있도록 도와주시면 좋겠어요. 내 아들이 정말 잘 살기를 바라고 누구보다 행복한 결혼 생활을 하길 바란다면 결혼한 아들이 독립된 가정의 진정한 가장이 될 수 있도록 놓아줄 수도 있어야 합니다. 애지중지 키운 아들이라 더 자주 보고 싶고, 내 아들 집에 더 자주 찾아가고 싶고, 며느리가 하는 것이 내가 하는 것에 비해 아쉬운 점이 있을 수 있어요. 하지만 내가 더 관여할수록 아들은 아내와 다투는 일이 늘어날 수 있다는 것도 기억하셔야 해요.

고부갈등에서 가장 중요한 역할을 해야 할 사람이 바로 아들이자 남편이라고 했습니다. 사실 아내는 시어머니 때문에 기분이 상하는 게 아니에요. 시어머니에게 섭섭한 것이 있는데 이해도 못 해주고 어머니 편을 들고 있는 남편 혹은 내가 얼마나 힘든지 몰라주는 남편에게 기분이 상하는 거죠. 고부갈등이 별로 없는 집들은 남편들이 굉장히 역할을 잘해요. 예를 들어, 아내가 이렇게 말했다고 합시다.

"어머니가 주말에 우리 집에 오시겠다는데 통보하듯이 말씀하셔서 좀 그렇네."

그럴 때 남편은 어떻게 대답해야 할까요?

"우리 엄마가 원래 좀 그래. 근데 뭐 엄마 입장에서는 아들집이니까 그러실 수도 있지. 가족끼리 뭐 어때? 당신은 그렇게 우리 엄마가 불편해?"

이렇게 이야기해서는 안 된다는 거예요. 대신 바꾸어서 이렇게 이야기하는 게 더 좋아요.

"엄마가 우리 집 상황도 안 물어보고 그냥 오신다고 해서 당신 진짜 불편했겠다. 나 같아도 그럴 것 같아. 주말인데 청소도 해놔야 되고 신경도 많이 써야 될 테니까. 내가 나중에 다음번에는 상의해서 날짜를 좀 잡아달라고 꼭 말씀드릴게."

이렇게 말하면 아내도 가벼운 마음이 들고 주말에 어머니를 꽤 기쁘게 맞이할 수 있습니다. 왜냐하면 남편이 아내의 마음을 이해해주었고 편을 들어줬으니까요. 내가 불편한 마음이 드는 것을 남편이 공감해준다면 시어머니도 점차 편안한 사람이 될 거예요. 그리고 명절에 시댁에서 하루 종일 일하느라 힘들었을 아내에게는 꼭 고맙다는 말을 해주세요.

"당신, 이번 명절 동안 많이 힘들었지? 정말 고생 많았어. 내가 더 많이 못 도와줘서 미안해. 집에 가면 무조건 푹 쉬어. 내가 집안일도 다 할게."

아내는 그저 남편에게 위안을 얻고 싶고, 내가 고생했다는 것도 알아줬으면 좋겠고, 남편이 정말 내 편인지 확인하고 싶을 뿐이라는 것을 남편들이 잘 헤아려 준다면 많은 다툼들이 사라질 것입니다.

황혼 이혼을 꿈꾸는 부부들

통계청이 발표한 2021년 혼인 이혼 통계 자료에 따르면 전체 이혼 건수 중 30년 이상 결혼 생활을 지속한 부부의 비율이 17.6%로 나타났습니다. 이는 10년 전인 2011년과 비교했을 때 무려 10.6%가 늘어난 수치예요. 또한 2021년 서울시가 조사한 바에 따르면 서울시의 이혼 부부 중에서 20년 이상 결혼 생활을 지속한 경우가 결혼 4년 이내를 처음으로 넘어섰어요. 일반적으로 50대 이후의 삶을 인생의 황혼기라고 많이들 이야기하지요. 그래서 자녀들이 성장하고 독립했을 무렵 부부의 나이가 보통 한 50~60대 정도 되는데 이 시기의 이혼을 황혼 이혼이라고 칭하는 것입니다.

🌿 황혼 이혼이 증가하는 이유

황혼 이혼이 증가하는 이유 첫 번째는 과거에 비해서 수명이 길어지고, 건강한 노년기가 길어졌기 때문이에요. 평균 수명은 빠르게 증가했기 때문에 자녀를 독립시킨 50대 부부의 경우 지내온 날보다 앞으로의 결혼 생활이 더 길다는 인식이 이미 자리를 잡았습니다. 게다가 요즘은 50~60대여도 건강에 큰 문제가 없지요. 직업 활동을 포함해서 사회 활동에 굉장히 적극적으로 참여하고, 대인관계나 여가 활동에도 잘 참여하는 것이 보통이에요. 과거와 달리 자녀가 독립한 후에도 한참이나 남은 결혼 생활을 지금까지처럼 갈등을 참아가면서 살고 싶지 않기 때문에 이혼을 선택하는 일이 늘어나고 있는 것입니다.

두 번째 이유는 전통적인 성 역할을 포함한 사회적인 인식이 변화되었기 때문이에요. 과거 우리 사회에서는 남편과 아내라는 고유의 성 역할이 굳게 자리를 잡고 있었어요. 하지만 과거와 달리 지금은 그렇지 않아요. 여성의 사회 참여가 늘어나고 가정에서의 남편과 아내의 모습도 계속해서 바뀌는 중이지요. 요즘 젊은 부부들에게 남편이 일하고 아내가 육아한다고 말하면 꼰대라는 소리를 듣기 십상입니다.

지금의 50~60대 부부들은 전통적인 아내와 남편의 역할을 강요받는 시기에 결혼 생활을 시작했어요. 하지만 현재는 성 역할의 평등을 강조하는 시대에 살아가고 있고요. 어느 세대보다 넓은 가치관을 경험하는 세대가 바로 지금 50~60대 부부 세대라고 할 수 있어요. 그 때문에 가치관의 변화에 적응하지 못하는 부부에게서 갈등이 심화되고 있는 게 사실이고, 이러한 것들이 황혼 이혼으로 이어지고 있는 것이라 보입니다.

🍃 부부 갈등의 해결은 대화로부터

황혼 이혼을 결정하는 부부들에게서 공통적으로 들리는 이야기는 이혼에 대해서 오랫동안 생각해 왔다는 거예요. 최근에 생긴 갈등으로 이혼을 결정하는 것이 아니라 한쪽 혹은 두 사람 모두 자녀들을 독립시킬 때까지는 참고 견디다가 때가 되면 이혼을 실행에 옮기는 것이지요. 갈등을 해결하기보다는 오랫동안 그저 참고 견디면서 소원하게 긴 시기를 보내 왔다는 것은 참 안타까운 일입니다.

진료실에서 만나는 젊은 부부들은 굉장히 열심히 싸우곤 해요. 열심히 싸우고 대화도 많이 하지요. 반면 나이가 어느 정도 있는 부부들은 어차피 해결되지 않는다는 생각에 10년 혹은 그 이상을 침묵하면서 오로지 견디며 지내는 것을 자주 볼 수 있어요. 병원에 가봐야겠다는 생각조차 잘 하지 못합니다. 그렇더라도 부부 갈등 해결의 시작은 언제나 대화에서 출발합니다.

만약 내가 가부장적인 남편이라면 혹은 나는 그렇게 생각하지 않지만 아내나 아이들, 주변 사람들이 그런 평가를 하고 가부장적이라는 말을 자주 들었다면 권위는 좀 내려놓고 반평생을 옆에서 지낸 아내를 위해서 진지하게 이야기를 들어줄 노력이 필요해요. 아내가 하고 싶은 말을 정말 시원하게 할 기회를 주고 그 이야기를 진지하게 경청하는 자세가 굉장히 중요하지요.만약 집안에서 오랫동안 내 목소리를 내기 어려운 아내였다면 무엇이 섭섭하고, 앞으로 당신이 어떻게 도와주면 참 좋겠는지, 내가 무엇을 원하는지를 남편에게 이해시키려는 시도가 꼭 필요해요. 마음속에 응어리를 쌓아둔다고 해결되는 것은 아니기 때문이에요. '내가 이렇게까지 설명해야 하는 걸까? 이런 것까지 말을 해야 아나?' 하는 생각이 들 수 있지만 우리는 가까운 사이라도 직접 듣지 않았을 때는 이해하지 못하는 것이 너무나도 많아요.

30년 이상 결혼 생활을 했는데 아내가 이혼을 요구하면 남편으로서는 좀 당황스러울 수 있어요. 남편은 꿈에도 이혼을 생각해본 적이 없는데 아내는 "당신과 사는 게 지쳤다. 난 다 생각을 정리했다"라고 통보해 오면 어떻게 해야 할지 막막할 것입니다. 그때 남편이 가장 먼저 해야 할 일은 아주 명확해요. '결혼 생활에서 당신이 무엇이 힘들었는지'를 먼저 물어보는 것이지요. 아마 평소에 자주 묻고, 대화하고, 해결하려 노력했던 부부라면 이혼하자는 이야기가 나올 리가 없었을 겁니다. 즉 내가 배우자의 고충을 들어주고 내가 무엇을 더 노력할 수 있을지에 대한 대화를 시도해 본 적이 없었을 거예요. 그렇기 때문에 첫 단추는 뭐가 그렇게 힘들어서 나랑 살지 않겠다는 결심을 했는지 물어봐야 하는 것이지요. 그런 다음 잘 들어줘야 해요.

제가 치료한 부부 중에서도 황혼 이혼을 하고 싶다며 찾아온 분들이 있었어요. 남편은 평생 직장에서 일만 열심히 하는 사람이었어요. 가정에 돈을 벌어다 주고 일은 열심히 했지만 한 번도 자기를 되돌아본 적이 없는 남편이었어요. 같이 생활하는 가족이라고 하지만 정서적으로 가까웠던 적은 한 번도 없었다고 해요. 아내의 머릿속에는 언제나 '내가 둘째까지만 결혼시키면 저 사람과 더 이상 살 이유가 없다'라는 생각이 있었어요. 그렇다고 아내가 노력을 안 해본 것도 아니었습니다. 꾸준히 "좀 더 우리 이야기도 많이 하자. 같이 놀러 가자. 당신 친구들만 만나지 말고 나랑도 시간을 좀 보내자" 하며 40대 때도 50대 때도 말했는데 남편은 "어차피 집에서 보는데 뭘 시간을 따로 보내?"라며 이해하지 못했지요. 아내의 지속적인 요청에도 남편이 좀 무심했던 거예요. 아내 입장에서는 그런 일이 자꾸만 반복되어 쌓이면 '그래, 내가 말해도 바뀌지 않는 거구나. 때가 되면 우리는 각자의 길을 가야겠다'라고 생각하는 경우들이 있어요.

이 부부는 남편이 '내가 배우자의 목소리를 오랫동안 듣지 않았구나. 저렇게까지 힘들어하는구나'라는 것을 이해하고 아내의 이야기를 단순히 귀로 듣는 게 아니라 마음으로 듣는 연습을 하며 많이 노력했어요. 요즘 유행하는 카페도 다니고, 영화도 보고, 대화도 더 많이 나누며 정말 아내가 원해왔던 것들을 함께 하기 시작했지요. 저도 이 사례를 통해 어떻게 대화를 나눌지, 어떻게 상대방 이야기를 듣는지 모르면 아무것도 할 수 없다는 교훈을 얻을 수 있었습니다.

🍃 들어주기만 해도 응어리가 풀린다

자녀분들이 제 유튜브 영상을 보고 칠십이 훌쩍 넘은 부모님을 모시고 온 적이 있습니다. 남편은 전형적으로 가부장적인 집안의 남성으로 평생 자신의 사업을 하며 살았고, 아내는 평생 두 자녀를 열심히 키우면서 현모양처로 살아오신 부부였습니다.

첫 상담 때 자리에 앉으시며 남편은 "애들이 보내서 오긴 왔는데 우리 부부는 아무 문제가 없어요"라고 하셨지만, 아내는 그동안 쌓인 것이 많으셨는지 하염없이 눈물을 흘리셨어요. 저는 어떤 이야기든 다 하셔도 괜찮다고 말씀드렸지요.

아내는 50년이 넘는 결혼 생활 동안 한 번도 남편에게 투덜대 본 적이 없고, 어차피 들어주지 않기 때문에 속으로만 꾹 참고 살았다고 해요. 남편이 밖으로만 돌았기 때문에 자식들도 다 혼자서 키웠고, 남편이 수시로 외도를 했지만 종갓집 같은 분위기여서 한 마디도 할 수 없었다고 합니다. 상담 시간 50분 동안 남편은 안절부절못하면서도 꼼짝 없이 아내의 이야기를 들어야 했어요. 그냥 집에서 말하면 듣지도 않을 이야기였지만, 상담실에서는 아무리 불편해도 꾹 참고 아내가 하는 이야기를 끝까지 들을 수밖에 없었던 거죠.

남편은 처음 듣는 아내의 이야기가 놀랍다는 반응이었어요. 아내가 우는 것도 처음 봤다고 하면서 말이죠. 즉 긴 결혼 생활 동안 아내가 울 수 있는 기회조차 주지 않았다는 거예요. 치료 회차가 갈수록 점점 아내의 표정은 밝아지고 마지막 8회차 때에는 "어차피 남편이 바뀔 거라는 기대도 없고, 내가 하고 싶은 말은 다 했으니 이제는 죽어도 여한이 없어요"라고 말씀하셨습니다. 그렇게 두 달 동안 아내가 충분히 이야기할 수 있는 자리만 가졌을 뿐이었는데도 만족하며 상담을 종결할 수 있었어요.

아내는 평생 한이 맺힌 이야기를 처음으로 남편이 옆에서 그냥 들어준 것만으로도 큰 응어리가 풀렸다며 행복해하셨습니다. 저에게도 이 부부의 상담이 참 좋은 기억으로 남아 있었던 이유는 남편이 아내의 이야기를 들어주시는 그 태도가 참 인상 깊었기 때문이에요. 끝까지 한 번도 딴짓을 하거나 아내의 말을 막지 않고 다 들어주었거든요. 저는 그것이 '그동안 자네 이야기도 못 들어주고 내가 참 무심했네. 미안하오'와 같은 말로 보였어요.

오랜 결혼 생활 동안 서로 잘 아는 사이라 믿고 그렇게 착각하는 것 안에서 많은 갈등이 생겨납니다. 오래된 부부라 할지라도 많은 대화를 나누고 서로를 더 많이 이해해 나가는 노력을 충분히 해야 된다는 것을 많은 분들이 아셨으면 좋겠어요. 그리고 익숙하기에 변화하지 않을 거라는 생각은 잘못된 믿음이에요. 부부의 관계는 얼마든지 달라질 수 있어요. 해묵은 갈등으로 지치고 힘들더라도 관계를 회복하기 위해서 대화를 하고, 경청하고, 이해하는 노력을 충분히 해보았으면 합니다.

배우자 외도,
제대로 극복하는 법

　부부 갈등 중에서도 외도 갈등은 전문가의 도움을 받는 것이 굉장히 중요합니다. 왜냐하면 배우자의 외도는 그동안 내가 살아왔던 모든 삶을 한순간에 무의미하게 만드는 일이기에 두 사람의 힘만으로 극복하기에는 너무나 어렵기 때문이에요. 먼저 외도를 저지른 당사자가 진심으로 뉘우치고 배우자에게 다가가 용서를 구하는 것이 실행되어야 하지만 이 상황을 객관적으로 바라보고 중재해줄 사람이 없다면 참 어려운 일이거든요. 또 배우자의 용서가 없이는 진정한 재결합이 불가능해서이기도 합니다.

실제로 상담을 하다 보면 가해자 쪽에서 "상처를 준 건 미안한데 이렇게까지 내가 계속해서 용서를 구할 일이냐"라는 이야기를 많이 해요. 끊임없이 자신의 잘못을 인정하고 피해자가 그것을 받아주지 않더라도 반복적으로 진심 어린 사과를 해야 되는 것임에도 불구하고 말이지요. 배우자가 그런 태도를 취하면 피해자는 정말 그 어떠한 기분으로도 설명되지 못할 비참한 기분에 휩싸여요. 너무 괴롭고 죽고 싶다는 생각까지 들게 만들거든요. 그렇기 때문에 더더욱 두 사람이 해결하기 어려운 거예요. 외도 가해자가 "내가 그렇게 잘못했는지 모르겠다"라고 말하면 외도 피해자는 이 상황을 혼자서 맞닥뜨리기가 굉장히 힘듭니다.

🌱 외도 부부의 치료 과정

외도 부부의 회복을 위한 치료는 다음과 같은 과정으로 진행됩니다.

첫 번째는 먼저 애착 손상을 입은 배우자가 '외도가 자신에게 어떠한 영향을 미쳤고 이 일이 자신에게 어떤 의미인지' 상대방에게 이야기합니다.

두 번째 단계는 외도를 범한 배우자가 자신의 외도 사실을 겸허히 인정하고 배우자의 상처에 대해서 공감을 해주는 것이에요.

세 번째는 피해자가 자신이 받은 고통과 슬픔을 솔직하고 분명하게 표현하는 거예요. 두려움에 대해서 이야기하는 거죠. 화를 표현하는 게 그전 단계였다면 나의 나약한 것들을 내보이는 것이 세 번째 단계의 가장 중요한 포인트예요.

네 번째 단계는 가해자가 피해자 이야기에 정말 정서적으로 반응하면서 배우자의 고통을 경감해주고, 자신의 행동을 뉘우치고 있음을 충분히 배우자에게 표현하는 것입니다.

다섯 번째는 치료자의 도움을 받으면서 피해자는 가해자에게 자신을 위로해줄 것을 요청하는 거예요. 밀어내는 것이 아니라 요청을 하는 거죠.

마지막 여섯 번째 단계는 치료 후반부로서 가해자가 굉장히 사려 깊은 태도로 피해자에게 다가가는 것입니다. 또한 피해자가 반복해서 힘들다고 이야기하면 지속적으로 충분히 후회하고 있음을 표현하고, 다시는 같은 실수를 저지르지 않겠다고 약속하는 거예요. 이런 과정까지 다 마무리가 되면 치료를 시작하기 전보다 훨씬 더 건강해진 부부를 만나게 됩니다.

🌿 외도, 이혼이 답은 아니다

배우자 외도를 경험한 부부들이 무조건 이혼을 선택할 것 같지만 생각보다 그렇지 않습니다. 물론 너무나 죽고 싶을 만큼 힘들고 헤어지고 싶은 생각으로 병원에 오시지만 실제로 이혼이 목적이라고 말하는 사람은 생각보다 그렇게 많지 않아요. 깨끗하게 이 관계를 정리하겠다고 마음먹었다면 아마 치료실까지 오시지도 않았겠지요. 적어도 치료를 받겠다고 결심한 부부는 정말 이 사람과 헤어지고 싶을 만큼 괴롭지만 마지막으로 도움을 받고 싶어 하는 경우가 많아요. 엄청난 불안을 안고 용기를 내신 거죠. '한 번 깨졌던 신뢰 관계가 회복될 수 있을까, 이 사람과 다시 내가 잘 지낼 수 있을까' 이런 복잡한 생각과 마음으로 진료실에 오시는 경우가 많지만, 분명한 것은 외도 부부의 치료 효과가 아주 좋다는 것입니다. 어쩌면 건강한 관계로 돌아갈 수 있는 거의 유일한 기회를 제공해줄 수 있는 치료 방법일지도 모릅니다.

외도를 했던 사실은 결코 두 사람의 마음속에서 지워지지 않아요. 기억 자체가 사라지는 것은 아니니까요. 때때로 그런 기억이 떠오를 수도 있어요. 하지만 부부 치료를 통해서 외도 잘못을 충분히 인정하고, 자신의 잘못으로 인해 힘들어하는 배우자를 계속 보듬어줄 수 있고, 그럴 필요가 있다는 것을 알게 되는 것이 부부 치료의 효과인 거죠.

가해자는 피해자인 배우자에게 "내가 어떻게 하면 당신에게 도움을 줄 수 있겠어?" 하고 물어봐주고 적극적으로 이를 해결해 나가려는 노력을 지속적으로 보여줘야 해요. 묻어두면 영원히 해결되지 않아요. 오히려 이것을 꺼내놓고 힘들더라도 대화를 해야 아픔도 더 빨리 줄어들고 건강한 관계로 빨리 회복할 수 있을 겁니다.

🍃 배우자로부터 상처를 받았다면

어느 부부든 결혼 생활 동안 티격태격하면서 서로 상처를 안 받을 수는 없습니다. 우리가 상처를 주려고 작정하는 게 아니라 중요한 사람이고 아끼다 보니 기대에 대한 실망이나 이런 것들이 반복될 수밖에 없어요. 알게 모르게 상처받는 순간도 있을 수 있고요. 피부 어딘가를 살짝 긁혔을 때 며칠이면 낫는 것처럼 우리는 회복 탄력성이 있기 때문에 옥신각신해도 다시 별일 아니라는 듯이 웃으며 이야기 나눌 수 있어요.

그런데 크게 싸우거나 결혼 생활이 흔들릴 만큼 큰 상처라면 혼자서 회복하고 떨쳐내기가 쉽지는 않습니다. 그때 우리가 가장 처음으로 해야 할 것이 무엇일까요? 바로 대화입니다. 대화에는 크게 두 종류가 있어요. 하나는 사이가 멀어지려고 하는 대화이고, 다른 하나는 사이가 가까워지는 대화예요. 멀어지는 대화에는 비난이 들어있고, 가까워지는 대화에는 이해가 들어 있어요. 두 대화의 가장 큰 차이는 그사이에 공감이 있느냐 없느냐 하는 것입니다. 공감이 빠지면 상대방과 대화를 할수록 멀어지고요. 공감이 있으면 조금 좀 날 서게 대화를 해도 끝나고 나면 사이가 더 가까워져 있어요.

부부 사이에 상대방이 일방적으로 상처 입히는 경우는 거의 없어요. 애초에 말싸움이라는 것은 자신의 말이 다 맞다고 생각하니까 생기잖아요. 상대방과 대화를 나누면서 받은 상처를 해결하려면 내가 상처받았다는 것도 이야기하고, 상대방이 얼마나 상처받았는지도 들어야 합니다. 내가 듣는 만큼 상대방도 들어줄 테니까요. 그래서 두 사람이 자꾸 자신의 입장을 말하려고 애쓰는 게 아니라 들어주려고 애쓰면 생각보다 치유가 많이 되어 있는 경우가 많습니다.

외도나 거짓말처럼 신뢰를 깨뜨리는 상처는 피해를 받은 사람이 혼자서 추스르기가 너무 힘들어요. 이렇게 신뢰가 크게 무너진 상처는 상대방이 치료해주지 않으면 스스로는 못 벗어나요. 대화를 떠나 가해 상대방이 정말 많이 애써야 해요. 즉 내가 배우자에게 상처를 입혔을 때 '어떻게 해줄 수 있는가, 내가 어떻게 해야 되는가' 하는 질문과 또 맞닿거든요.

그때는 '나 말고는 해결해줄 수 없다'라는 생각을 가지고 상대방을 위해서 최선을 다해야겠지요. 여기에 대해서 얼마나 자신이 책임질 건지를 끊임없이 꾸준히 아주 오랜 시간 동안 보여주는 것밖에 방법이 없어요.

부부는 관계이기 때문에 대화를 많이 해야 합니다. 부부 관계의 매개체이자 연결고리는 말밖에 없어요. 글도 되겠지만 매번 글을 써서 주고받을 것은 아니니까요. 우리의 관계를 잇는 것은 결국 말과 행동이에요.

깨진 그릇은 다시
만들 수밖에 없다

제가 진료실에서 참 자주 듣는 말 중에 "깨진 그릇을 다시 고쳐서 쓸 수 있나요?"라는 질문이 있습니다. 특히 외도로 인한 갈등을 겪는 부부에게서 많이 들을 수 있어요. "배우자가 외도를 하고 나서 잘못했다고 사과를 하지만, 그럼에도 불구하고 나는 너무나 힘들다. 배우자에게 가졌던 신뢰가 완전히 사라져버렸다. 더 이상 이 사람을 믿을 수 있을지 모르겠고, 이젠 예전에 내가 알던 사람이 아닌 것 같다"라고 말이지요. 과연 부부 두 사람의 관계를 담고 있던 그릇이 산산이 부서졌다면 이 조각들을 잘 붙여서 다시 쓸 수 있을까요?

🍃 원래대로 돌아갈 수 없다

많은 부부가 틀어진 관계를 고치려고 무척이나 애를 써요. 우리는 뭔가가 부서지거나 망가지면 고쳐서 쓴다고 하잖아요. 고칠 때의 목적은 원상복구, 즉 원래의 상태로 되돌리는 것이에요. 내가 배우자에 대해서 생각하는 믿음이 완전히 달라지고, 이전과 우리의 관계가 상상할 수 없을 만큼 많이 변했는데 과연 그 관계가 고쳐질 수 있는지 많은 부부가 묻습니다.

제가 결론부터 이야기하자면 깨진 그릇은 다시 고쳐서 쓸 수 없어요. 깨진 부부 관계도 이전처럼 되돌아갈 수 없어요. 참 슬픈 일이지만 두 사람이 알고 있던 관계로 돌아갈 수 있는 방법은 없습니다.

외도를 겪은 부부들이 치료를 받기 전에 관계 회복을 하려고 애를 씀에도 실패하는 경우, 자주 보이는 모습이 원래대로 돌아가려고 하는 거예요. 목표 설정이 잘못되어 있기 때문에 실패하는 것입니다. 이룰 수 없는 목표를 잡으면 결국 도달하기 어려운 것처럼 부부들 역시 이룰 수 없는 목표를 향해 에너지를 쓰고 있는 거예요.

그렇다면 어떻게 해야 할까요? 원래대로 돌아갈 수 없다면 부부는 결국 회복되지 못하는 걸까요? 그렇지 않아요. 깨진 그릇은 새로 만들어야 합니다. 그러니 그릇을 고쳐서 쓰려고 애쓰지 않으셨으면 좋겠다는 이야기를 드리고 싶어요. 떠올려 보면 결혼하기 전 처음 연애를 했을 때 두 사람은 서로 잘 모르는 사이였지만 시간이 지나면서 경험을 공유하고, 대화도 나누고, 시간을 보내면서 서로에 대한 신뢰를 계속해서 쌓아나갔던 것처럼 믿음이라는 것이 만들어지기 위해서는 시간이 필요해요. 아쉽게도 상대방에 대해서 산산이 부서진 신뢰를 이전처럼 단번에 회복시킬 마법과 같은 방법은 존재하지 않는 거지요. 대신 다시 처음부터 두 사람의 관계, 믿음, 신뢰를 하나하나 새롭게 쌓아나가면 됩니다.

🍃 더 단단한 그릇을 만들기 위한 노력

남편이 외도를 해서 아내가 너무 큰 상처를 받고 제게 찾아오셨던 부부가 있어요. 두 분 역시 치료 초반에 "우리 관계를 다시 고칠 수 있을까요?"라고 질문하셨어요. 저는 "지금부터 관계를 새롭게 만들어 가요"라고 설명을 드렸지요.

남편의 외도가 있기 전 15년간의 결혼 생활은 큰 갈등이 없던 터라 밖에서 보면 굉장히 평범해 보였어요. 하지만 이미 정서적인 거리가 꽤 먼 부부였습니다. 남편은 주중에 바쁘게 일하고 주말이면 친구들을 만나서 시간을 보냈어요. 아내는 혼자서 아이들을 키우며 바쁘게 지냈고요. 가끔 가족들과 함께는 시간을 보냈지만 부부 둘이서는 데이트를 하거나 깊은 대화를 나눈 지 오래된 부부였어요. 두 사람만의 대화는 거의 없는 상태로 결혼 생활을 하고 있었던 것이죠.

외도 사건 이후 부부는 치료를 받으면서 정말 노력을 많이 했어요. 남편은 적극적으로 사과를 했고 깊은 대화를 나누며 아내와 함께 많은 시간을 보내기 시작했어요. 이 부부는 이전처럼 회복한 게 아니라 이전과는 다른 더 좋은 관계를 만들기 위해서 계속해서 노력했습니다. 지금은 관계가 크게 회복되어서 부부 치료를 마쳤지만 여전히 노력하면서 더 잘 지내기 위해 계속 애쓰고 있어요.

이처럼 관계는 더 나은 관계로 새롭게 만들어 나가면 돼요. 하지만 꼭 기억해야 할 것은 시간이 꽤 오래 걸릴 수 있다는 거지요. 사례처럼 회복이 잘된 부부들은 오히려 외도가 있기 전보다도 훨씬 더 괜찮은 관계가 되기도 해요. 아마 현재 아주 힘든 시기를 겪고 계신 분이라면 이것을 믿기 어렵지만 실제로 회복이 되었을 때 정말 이전보다 좋아진 부부들이 많아요.

부부가 갈등 상황 속에 허우적대고 있을 때 회복하는 방향을 잡는 것은 굉장히 어려운 일이에요. 어디부터 시작해야 할지 막막하고, 부부는 서로 다른 힘든 일을 겪고 있고, 두 사람의 관계는 다 다르기 때문이에요. 어떤 부부에게는 맞는 방법이 또 어떤 부부에게는 전혀 효과가 나타나지 않기도 해요. 그래서 치료 시간에 저는 힘든 일을 겪고 있는 두 분에게 어떻게 회복의 방향을 잡아드릴 수 있을지 함께 고민하고 도움을 드리지요.

거듭 이야기하고 있지만, 관계가 새롭게 만들어지기 위해서는 긴 시간이 필요해요. 신뢰는 평생에 걸쳐서 쌓아나가는 거니까요. 빨리 이 고통에서 벗어나고 싶은 조바심은 생기겠지만 할 수 없어요. 대신 힘들게 다시 만들어 낸 관계는 전보다 훨씬 더 단단한 그릇이 되어서 두 사람의 관계를 훨씬 건강하게 담아낼 수 있을 거예요.

회복할 수 있는 부부

VS.

정리해야 하는 부부

부부 치료 상담 첫 시간에 부부가 꼭 제게 묻는 것이 있습니다.

"선생님, 저희 부부가 이 치료를 통해서 진짜 회복될 수 있을까요? 아니면, 지금 하고 있는 노력이 다 무의미하니 차라리 이 치료를 시작하지 않는 게 더 나을까요?"

실제로 많은 부부가 '이혼을 하는 게 맞을지 아니면 우리가 한번 치료를 해볼지' 확실히 결정하지 못한 상태에서 저를 찾아오는 일이 너무 많아요. 사실 굉장히 중요한 질문이죠. 만약 우리 부부가 회복될 수 있다는 확신이 있다면 기꺼이 에너지와 시간을 들이겠지만, 그렇지 않다면 힘들게 노력할 필요가 없을 테니까요. 그래서 실제 제가 부부 치료에 들어가기에 앞서 '어떤 부부는 적극적으로 치료를 권하고 어떤 부부는 치료하지 않는지'를 알려드리려고 합니다. 또한 무엇을 바꾸면 빠르게 회복할 수 있는지도 살펴볼게요.

🍃 회복되기 힘든 4가지 경우

첫 번째는 현재 부부 사이에 벌어진 문제를 인정하지 않는 경우입니다. 두 사람 사이에서 반복되는 갈등 혹은 부부가 각자 주장하는 큰 문제가 있다고 합시다. 또는 외도 문제일 수도 있겠지요. 그렇다면 외도를 예로 들어서, 외도 가해자가 "내가 했던 것은 외도가 아니다. 나는 외도를 하지 않았다. 배우자가 예민하게 구는 거다. 그리고 사실 뭐 외도라고 해도 그게 그렇게까지 큰 문제는 아니다"라고 주장해요. 이럴 때는 굉장히 치료하기가 어렵습니다. 부부 치료라는 것은 잘못된 문제를 가지고 그것에 많은 시간과 에너지를 들여서 치료하고자 노력하는 과정이에요. 그런데 '잘못을 인정한다'라는 첫 번째 단추부터 채워지지 못하면 치료가 원활하게 진행될 수 없겠지요.

하지만 모든 부부가 잘못을 다 인정하고 진료실에 오시는 것은 아닙니다. 그래서 저는 치료 초반에 "이것은 부부 사이에 큰 문제다. 이것이 두 사람 사이를 굉장히 어렵게 만들고 있다"라는 것을 허심탄회하게 대화를 나누면서 인정을 끌어냅니다.

"아, 제가 한 일이 굉장히 큰 잘못이네요."

"제 행동이 상대방에게 너무 큰 상처를 입힌 것 같아요."

이러한 인정이 되어야 부부 치료의 첫 번째 단추를 채운 것이 됩니다. 만약 배우자가 문제를 인정하지 않는다면 그것에 대해 대화를 나눌 수 있는 준비를 먼저 하는 것이 관계 회복의 첫 번째 단계라고 생각하면 되겠습니다.

두 번째는 현재 폭력이 진행 중인 부부예요. 폭력은 물리적인 폭력과 언어 폭력 두 가지 다 포함됩니다. 그래서 폭력이 진행 중인 부부에게는 "더 이상 폭력이 발생하지 않아야 우리가 치료를 할 수 있습니다"라고 제가 확실히 말합니다. 폭력은 관계를 깨뜨리는 역할만 있고, 두 사람의 관계를 회복시키는 데는 아무런 도움이 되지 않아요. 내가 아무리 무언가를 열심히 고친다 해도 누군가 계속해서 망가뜨리고 원래대로 산산이 부숴놓는다면 고치는 의미가 없는 것과 같지요.

당연하지만, 물리적인 폭력이 있으면 관계를 쌓아나갈 수가 없어요. 언어적인 폭력도 마찬가지예요. 반복되는 언어적인 폭력은 관계를 산산이 깨뜨리기 때문에 우리가 아무리 노력하고 신뢰를 다시 쌓아놓는다 하더라도 폭력 한 번이면 원래대로 다 망가져 버리게 됩니다. 그렇기 때문에 만약 부부 두 사람 사이에 폭력이 반복되고 있다면 먼저 그것을 멈추세요. 폭력이 두 사람 사이에 끼어 있는 한 두 사람이 회복되기는 거의 불가능에 가깝습니다.

세 번째는 먼저 치료해야 될 심리적인 문제가 있는 경우예요. 예를 들어, 알코올 중독이나 도박 중독과 같은 중독, 심한 우울증이나 불안이 될 수 있겠지요. 심한 강박이나 공황도 포함됩니다. 이러한 경우에는 부부 치료에 앞서 이러한 심리적 문제가 먼저 치료되어야 해요.

부부 치료에는 굉장히 많은 에너지가 들어요. 하지만 '부부에게 심각한 우울증이 있다, 일상생활을 어렵게 만드는 큰 불안이 있다, 반복되는 음주 문제가 있다'면 부부 치료를 하는 데 에너지를 온전히 쏟을 수가 없어요. 굉장히 우울하고, 의욕도 떨어져 있고, 어떻게 살아야 될지도 막막한 그런 기분에 하루 종일 휩싸여 있는데 상대방과의 관계에 신경을 쓰고 회복 에너지를 쏟는다는 것은 불가능합니다.

이러한 경우에 저는 "우선 해결돼야 할 것이 있기 때문에 두 사람이 준비가 되면 그때 우리가 부부 치료에 최선을 다해 봅시다"라고 제안해요. 실제로 그렇게 치료가 어느 정도 되고 두 사람이 조금 더 건강해진 상태로 준비가 되면 그때 부부 치료를 시작하는 것이죠.

마지막으로 네 번째는 부부 사이에 진행 중인 문제가 있는 경우입니다. 예를 들어서, 여전히 배우자의 외도가 진행 중이라거나 외도는 멈췄지만 그 관계가 깔끔하게 정리되지 않은 경우를 뜻해요. 이럴 때는 부부 치료를 하는 것이 아무 의미가 없어요. 신뢰라는 큰 그릇이 완전히 깨어져 있기 때문입니다. 비단 외도뿐만 아니지요. 여러 가지 부분에서 근본적으로 계속해서 반복만 되고 있는 문제가 있을 거예요. 그럴 때는 반복되는 문제를 멈추고 관계 회복을 위해서 애쓸 마음가짐을 준비하는 것이 우선적으로 필요합니다.

하지만 생각보다 많은 부부가 막연히 '부부 치료를 하면 자연스럽게 좋아지겠지' 하고 찾아오시는 경우가 많아요. 적어도 상담을 받기 전에 부부 사이에 반복되고 있는 그 중요한 주제를 멈추려고 애쓰는 노력이 우선적으로 필요해요. 보통의 일반적인 인간관계에서도 동일합니다. 지금 관계를 깨뜨릴 만한 큰 문제가 반복되고 있다면 그것을 먼저 멈추려는 노력부터 하세요. 그리고 나서야 비로소 상대방의 이야기를 들을 최소한의 준비가 되는 것입니다.

부부 치료를 할 수 없는 부부에 대한 경우를 살펴봤지만, 이것은 과연 우리 부부가 처한 문제로부터 회복될 수 있을지 아니면 회복이 어려울지를 생각해볼 수 있는 중요한 계기이기도 합니다. 이 책을 덮고 배우자와 진지하게 이야기를 나눠봐도 좋겠지요. 회복을 위해 지금 당장 고쳐야 할 점이 있다면 바로 실천에 옮겨 보세요. 적어도 치료를 할 수 있는 준비가 된 부부, 회복될 수 있는 부부로 나아질 수 있을 테니까요.

PART 4

행복한 부부 사이를
만드는 8가지 습관

내가 먼저 변화하려 노력한다

"저희 남편은 자기 말만 무조건 다 맞고 제가 하는 말은 다 틀렸대요."

"아내와 소통을 하고 싶지만 말을 하려고 해도 들어주지 않아서 대화를 전혀 할 수가 없어요."

이렇게 하소연하는 분들의 배우자는 어떻게 생각할까요?

"맞아, 나라는 사람은 아내한테 맨날 핀잔만 주고 진짜 말이 안 통하는 사람이지."

"나만큼 남편 말을 잘 안 들어주는 사람도 없을 거야. 맞는 말이지."

과연 이렇게 수긍할까요? 절대 그렇게 생각하지 않을 거예요. 배우자도 나와 똑같은 이유로 상대방과 말이 통하지 않는다고 답답해해요. 사이가 좋은 부부와 사이가 나쁜 부부는 궁극적으로 어떤 차이가 있기에 결과가 이렇게 다른 걸까요? 사이가 나쁜 부부는 보통 이렇게 말해요.

"당신이 먼저 변하면 내가 변할 거야."

"아니, 나도 그렇게 할 건데 당신도 안 하잖아. 당신이 그렇게 말 안 하면 내가 그렇게 말하겠어?"

"당신이 먼저 그렇게 소리 질렀으니까 내가 소리를 질렀지! 누가 먼저 소리 질렀는데? 다음부터 녹음할까?"

"당신이 짜증을 내니까 내가 짜증 내지. 당신이 안 하면 나도 안 해!"

이것이 일반적으로 자주 다투는 부부의 대화예요. 하지만 사이가 좋은 부부는 여기서 방향만 바뀌어요.

"내가 잘할 거니까 여보도 잘해."

"그래, 좋아! 나 짜증 안 낼게. 당신도 짜증 내지 마."

"좋아, 내가 먼저 소리 안 지르면 되지? 그러니까 나한테도 소리 지르지 마."

처음에는 이렇게 말하는 것이 어색하고 힘들 수 있습니다. 비유하면 역방향으로 세게 돌던 풍차를 순방향으로 돌리려고 하는 것이니 얼마나 큰 에너지가 필요하겠어요. 이건 굉장히 힘든 일이에요. 거꾸로 무섭게 돌아가는 풍차를 순방향으로 돌리려면 무엇을 먼저 해야 할까요? 우선 붙잡아서 멈춰야 해요. 그때부터는 한 번 돌아가기 시작하면 좀 쉬워지죠. 심지어 순방향이니까 속도도 더 빨라져요. 부부 치료에서도 물리적으로 멈추고 다시 돌리는 과정에서 저와 내담자 부부가 에너지를 가장 많이 쏟아요. 하지만 방향만 돌려놓으면 알아서 잘 돌아가지요.

상대방이 안 바뀌니까 내가 안 바뀌는 건 당연해요. 이 말은 즉, 내가 바뀌면 상대방이 바뀔 거라는 말과 같아요. 실제로도 그래요. 몰라서 못하는 거지 관계가 이전보다 훨씬 좋아지는 부부들이 정말 많아요. 저는 많은 경험을 하고 있기 때문에 이렇게 확신해서 말할 수 있는 거예요.

부부 치료는 결국 부부가 회복되는 것을 목적으로 합니다. 그러기 위해서 제가 하는 방법은 부부에게 무엇인가를 지시하거나 가르치는 것이 아니에요. 제가 집중하는 것은 부부가

원래 가지고 있었던 애착, 서로를 아끼는 마음 그리고 회복
될 수 있는 어떤 방향과 힘을 키워주는 것입니다. 그런 과정
을 통해서 부부들은 자신들의 문제가 무엇인지 알게 되고 해
결해 나갈 수 있는 방향과 방식, 힘을 키워나가는 것이지요.

🌿 부부가 해결할 수 없다면

"배우자랑 관계가 너무 불편해서 상담센터에 한번 가볼까
생각은 했지만, 병원까지 가야겠다는 생각은 선뜻 하기 힘들
어요."

"저흰 지금 너무 심각한 상황인데 치료가 될까요?"

"저는 병원에 가보고 싶은데 배우자가 협조를 안 해줄 것
같아서 고민이에요."

"부부 치료로 상황이 크게 바뀔까요? 너무 이상적인 이야
기들만 있어서 우리 부부가 잘 실천할 수 있을지 걱정돼요."

부부가 정신건강의학과의 문턱을 넘기까지 얼마나 많은
고민을 하시는지 잘 알고 있습니다. 실제로 부부 치료에는
종류가 참 많고 '어떤 종류의 부부 치료는 이 정도의 효과를
낸다. 이렇게 했을 때 부부의 관계가 많이 회복되었다' 하는

실제 연구 결과들이 있어요. 그래서 부부 치료를 받았을 때 80~90%의 부부들은 굉장히 관계가 나아진 것을 볼 수 있지요. 주관적으로는 "우리 사이가 이전보다 훨씬 좋아졌다"라고 느끼는 부부들이 거의 대부분이에요. 그런데 이런 치료가 일회성이면 안 되겠지요. 그래서 추적 관찰도 하게 됩니다. 부부 치료 종결 뒤 2년 후에 '여전히 부부 관계가 좋은지'를 물었을 때 70%의 부부는 "우리는 부부 치료가 끝났지만 여전히 좋은 관계를 유지하고 있다"라고 대답했습니다. 굉장히 높은 수치죠. 그래서 부부가 자발적으로 해결하기 힘든 가정 내 문제가 있다면 감정의 골이 더 깊어지기 전에 치료를 통해 도움을 받는 것이 좋아요. 부부 치료는 장기적으로 봤을 때도 부부 사이를 회복하는 좋은 치료라고 말할 수 있어요.

지금이라도
애착 관계를 회복한다

특히 외도로 피해를 받은 분들이 저에게 많이 묻곤 합니다.

"사람은 안 변한다잖아요. 바람 안 피우는 사람은 있어도 한 번만 피우는 사람은 없다고 치료해도 정신 못 차리고 또 그러면 어쩌지요?"

제가 대답을 하지요.

"맞아요. 사람은 바뀌지 않아요."

저의 대답에 질문하신 분은 매우 당황하셨어요. 하지만 제가 단서를 달았습니다.

"단, 아무 일도 일어나지 않은 사람은 바뀌지 않아요. 하지만 사람은 바뀔 수 있다고 생각하시니 여기까지 오신 거 아니세요?"

흔히 '사람은 고쳐 쓸 수 없다, 사람은 절대 변하지 않는다'라는 말을 합니다. 실제로도 굉장히 충격을 받거나 큰일이 닥치지 않으면 사람은 쉽게 바뀌지 않아요. 하지만 그 사람의 인생을 송두리째 바꿀 수 있는 어떤 사건이 일어나면 사람은 변화합니다. 긍정적이든 부정적이든 말이지요. '바람을 안 피우는 사람은 있어도 한 번만 피우는 사람은 없다'라는 말도 반은 맞고 반은 틀립니다. '외도'라는 사건에서 아무것도 배우지 못했다면 다음에도 외도를 할 가능성이 높겠지요. 하지만 삶을 송두리째 바꿀 수 있을 만한 뭔가를 깨닫는다면 이 사람의 다음번은 분명 달라지거든요. 그래서 저는 진료실에서의 부부 치료가 그러한 깨달음의 공간이고 그런 시간이라고 믿습니다.

🍃 깨어진 관계, 애착 회복이 열쇠다

"이 사람이 얼마나 상처받았고 속상한지 알아요. 얼마나 화가 났을지도 알고요."

외도 갈등을 일으킨 가해자가 피해자의 무너지는 마음을 이해할 수 있을까요? 이것은 겪어보지 않으면 상상할 수조차 없는 고통입니다. 쉽게 표현할 수 있는 단어조차 없어요. 이를 설명할 수 있는 단어가 없을 정도로 참 비통하고 마치 온 세상이 무너진 것과 같은 감정일 겁니다. 한번은 외도 피해자가 이렇게 표현을 한 적이 있었어요.

"아버지가 돌아가셨는데 너무 슬펐어요. 태어나서 가장 많이 슬펐죠. 그리고 세 달 뒤에 남편이 외도를 했는데 아버지가 돌아가셨을 때보다 더 슬펐어요. 아버지 장례를 치르면서 이보다 더 슬픈 일은 앞으로 없을 줄 알았는데 그게 아니더라고요. 돌아가신 아버지께 정말 죄송했어요."

외도 갈등에서는 "내가 한 일이 상대방에게 어떤 기분을 가져다주었을지 잘 알아요"가 아니라 "내 외도로 인해서 이 사람이 얼마나 비통하고 슬플지 다 이해할 수가 없습니다"라는 것을 깨닫는 순간 사람이 달라져요. '내가 상대방에게 무슨 짓을 저질렀지? 내가 이 사람에게 얼마나 큰 상처를 입힌 걸까. 다시는 그러지 않아야겠다' 정도가 되면 바뀝니다. 사람은 바뀔 수가 있어요.

깨어진 관계를 다시 붙이기 위해서는 결국 애착을 회복하는 수밖에 없습니다. 애착을 회복하려면 많이 안아주고, 많이 사랑한다고 해주고, 많이 듣고, 많이 이해하고, 많이 이야기하고, 함께 많은 것을 경험하면서 충분한 시간이 쌓여야 해요. 단시간에는 불가능해요. 애착이라는 것의 속성이 그렇기 때문입니다. 경험을 쌓는 것과 같아요. 10층짜리 애착이 무너졌다면 다시 1층부터 쌓아나가야 합니다. 다행스러운 점이라면 애착 손상은 회복될 수 있다는 사실입니다.

자기 주장은 지혜롭게 한다

직장에서 가뜩이나 이 사람 저 사람이 업무를 잔뜩 줘서 바쁜 상황인데 누군가 업무를 하나 더 부탁합니다. 안 그래도 바쁘고, 이걸 내가 왜 해야 하는지도 모르겠는데 딱 잘라 거절하기 힘들 때가 있지요. 거절했다가 상대방이 앞으로 나를 냉랭하게 대할까 봐 두렵고, 다 수용하자니 스트레스를 받아서 이러지도 저러지도 못하시는 분들이 많아요. 나는 거절을 못 해서 마음고생이 심한데 남들은 그 정도인 줄도 모르고 쉽게 쉽게 부탁을 해 옵니다. 사실 자기 주장을 잘 못하는 사람들의 가장 큰 괴로움은 다른 사람들이 내게 너무 쉽게 뭔가를 부탁한다는 거예요. 만나자고 하면 나는 항상 나오는 사람이 되어 있고, 일을 해달라고 하면 항상 하겠다는 사람이 되어버리니까 나는 항상 요청에, 부탁에, 연락에 치여서 지치고 힘이 듭니다. 사람들도 사람 봐 가며 요청을 하지요. 거절하지 않는 사람에게 계속 부탁을 하는 법이에요.

인간관계만큼 우리를 지치게 만드는 건 또 없죠. 직장인을 대상으로 한 '이직을 결심한 이유'에 대한 설문조사들에서 공통적으로 보이는 1위는 '업무 환경이 마음에 안 들어서, 월급이 적어서'가 아니라 바로 '사람과의 관계가 힘들어서'입니다. 사람 때문에 너무 힘들어서 직장을 옮기겠다는 거예요. 일이 힘든 건 견딜 수 있지만 사람 때문에 힘든 건 견디기 힘들다는 말처럼 진짜 돈만 아니면 아무도 안 보고 살고 싶다는 생각까지 들 정도로 '인간관계'는 참 어려운 일이에요. 나는 좋은 마음에 불편한 것도 감수하고 웃으면서 '좋은 게 좋은 거니까' 하는 마음으로 사람들을 대하는데 상대방은 고마운 줄도 몰라요. 오히려 만만하게 본단 말이죠. 나를 함부로 해도 되는 사람이라고 착각해요. 참 무례하고 뻔뻔하게 말이에요. 이 사람들은 어째서 이런 생각을 할까요? 그리고 이러한 사람들을 대하려면 어떻게 하면 좋을까요?

🍃 내 주장을 못하는 이유

어째서 나는 하고 싶은 이야기를 잘하지 못하는 걸까요? 보통은 '내가 거절을 하면 상대방이 화가 나지는 않을까? 저 사람과 사이가 어색해지겠지? 혹시 나를 싫어하게 되지 않을까?' 이런 생각이 막 머릿속에서 맴돌아서 그래요. 그런데 주변에는 이런 사람들도 있지요. 좀 불편하다 싶으면 딱 잘라서 거절하고, 할 이야기가 있으면 자기 할 말을 시원하게 하는데도 주변 사람들과 잘 지내는 사람 말이에요. 그런 사람들을 보면 참 부럽습니다. '저 사람은 왜 자기 할 말을 시원하게 하는데도 사람들이 좋아해주고 잘 지내는 거지?' 싶지요. 엄밀히 말해서 그 사람은 아주 좋은 능력을 가진 사람이에요.

자기 할 말을 한다고 해서 주변 사람들과 사이가 나빠지지는 않아요. 우리는 얼마든지 내 이야기를 하면서 남들과도 잘 지낼 수 있어요. 방법을 모를 뿐이지요. 거절이 힘들고 자기 주장을 하기 어려운 데에는 과거의 경험과 상처 또는 이 사회에서 주입된 가치관 때문일 수 있어요. 그래도 요즘 학생들이나 젊은 친구들은 자기 주장을 꽤 잘하는 것 같아요. 저는 굉장히 긍정적인 일이라고 생각합니다.

과거로 갈수록 한국 사회에서는 하고 싶은 말을 삼키고,

참고 견디는 게 미덕이라는 통념이 널리 퍼져 있었어요. 자식들은 부모의 말에 따르고, 학교에서는 선생님의 말을, 직장에서는 상사 말을 잘 듣는 예스맨들이 인정을 받던 분위기가 있었지요. 지금도 사실 많이 남아 있습니다. 또한 사람의 성격은 다 다르잖아요. 특히 걱정이나 불안감이 조금 높은 사람들도 있어요. 이런 분들은 다른 사람들과 관계가 나빠질 수 있을 상황을 어떻게든 피하려고 하기 때문에 자기 말을 하기보다 다른 사람의 의견을 따르는 선택을 하지요.

🍃 지혜롭게 자기 주장을 하는 법

상황마다 다르겠지만 기본적인 틀을 잡아볼게요. 이렇게 말하는 겁니다.

"당신이 이번에 제게 이렇게 이야기했는데 그러면 제가 힘듭니다(혹은 속상합니다). 그래서 부탁드리는데 다음번에 말씀하실 때는 이러이러하게 이야기를 해주셨으면 좋겠습니다."

핵심은 이 말하기에서 어디에도 상대방을 비난하는 내용

은 없다는 거예요. '그 상황에서 내가 불편하다. 그래서 부탁한다. 다음번에는 이렇게 해달라.' 이것이 전부입니다. 상대방을 비난하지 않고 정중하게 부탁하는 것이 자기 주장하기의 포인트예요. 이렇게 말하는 방식은 비난 대신 이해와 공감을 요청하기 때문에 듣는 사람도 불편하지 않고 잘 받아들일 수가 있어요.

자기 주장의 예시를 한번 들어볼게요. 예를 들어, 회사에서 일을 하는데 요즘 업무가 너무 많아서 다들 노는 것 같고 일은 나만 하고 있다는 생각이 듭니다. 그래서 너무 힘들어하는 중인데 상사가 이렇게 닦달하는 거예요.

"그거 오늘까지 마감이라고 했는데 왜 안 주는 거야? 빨리 좀 해서 줘. 너가 그거 안 주니까 다들 다음 일 처리가 다 밀리는 거 아니야!"

이러한 상황에서는 어떻게 대처할 수 있을까요? 보통 우리의 반응은 두 가지 중에 하나입니다. 첫 번째는 "네, 알겠습니다"라고 대답하는 거죠. 하지만 실제로는 이렇게 대답하고 싶지 않잖아요. 속에서는 천불이 나고, 억울하고, 심지어 회사를 때려치우고 싶은 기분이 밀려옵니다.

두 번째는 흔히 말해서 상사에게 들이받는다고 하죠. 인상을 쓰거나 한숨을 쉬면서 "그거 오늘까지 못 할 것 같습니다"

하고 퉁명스럽게 말하는 거예요. 화를 내진 않았지만 불쾌한 마음을 상대방에게 전달하게 됩니다. 사실 둘 다 썩 좋은 방법은 아니에요. 그것보다는 제가 제안한 것처럼 이렇게 한번 말해보는 거예요.

"최근 일이 너무 많아져서 버거워요. 안 쉬고 열심히 하는데도 그래요. 선배님이 저 때문에 일 처리가 밀린다고 하시니 제가 너무 부족한 사람인가 하는 생각이 들어서 속상하네요. 그래서 부탁드리는데 다음번에는 조금 더 부드럽게 이야기해주셨으면 좋겠습니다."

직장 상사에 화를 내거나 비난하는 내용은 없어요. 선배가 당장 "알겠어"라고 대답하지 않더라도 이렇게 말한다면 다음번에는 훨씬 조심스럽게 이야기를 하게 됩니다.

부부 사이에도 '자기 주장하기'를 적용해 볼까요?

모처럼 쉬는 휴일에 남편이 아침 식사 후 설거지를 하겠다고 나섭니다. 그런데 아내는 사실 남편이 하는 설거지가 썩 마음에 들지 않아요. 콧노래를 부르며 고무장갑을 끼는 남편을 뒤로하고 아내는 팔짱을 낀 채 소파에 앉아 설거지가 끝나기를 기다립니다. 한참을 덜그럭덜그럭 요란한 소리를 내며 설거지를 마친 남편은 뿌듯한 표정입니다. 아내는 물바다가 된 주방 바닥과 여기저기 그대로 마른 밥풀이 묻은 그릇을 보고는 '그럼 그렇지' 하며 한소리를 늘어놓습니다.

"에휴, 그냥 내가 하는 게 더 낫겠다. 이러면 내가 일을 2번 해야 하잖아. 못하면 차라리 나서지나 말지. 당신은 어머니 설거지하시는 거 한 번도 본 적이 없나 봐? 매사 뭐 똑 부러지게 하는 게 없어…."

아내의 기분을 좋게 해주려고 한 설거지였는데 괜한 핀잔을 들으니 남편은 속이 상해 시무룩해지고 말았어요. 그래도 굳이 저렇게까지 심하게 말해야 하나 싶어서 화가 납니다.

"여보, 내가 당신 맘에 들게 설거지를 꼼꼼하게 하지 못한 건 미안한데… 당신이 그렇게까지 말하니까 내가 너무 속상해. 앞으로는 내가 좀 부족해 보이더라도 배려해서 말해줬으면 좋겠어."

짧고 간결하게 내 기분을 전달하고 상대방에게 부탁하는 이 자기 주장의 형식을 실제로 사용하다 보면 억울하고 부당한 일이 줄어들 거예요. 이렇게 자기 주장은 상대방의 마음을 상하게 하지 않으면서 나의 감정과 의도를 분명하게 전달하는 방법을 말합니다.

🍃 슬기롭게 거절하는 법

　누군가의 요청이나 부탁을 거절할 때 기억해야 될 것은 '정중'하고 '간략하게'예요. 예를 들어, 친구들이 만나자고 하는데 내가 요즘 해야 할 일들이 많은 상황이에요. 그런데 싫다고 하기가 불편해서 마지못해 나가는 경우가 생깁니다. 사실 나가도 즐겁지가 않아요. 싫은데 해주는 것이니까요. 그럴 때는 정중하고 간략하게 거절하면 돼요.

　"나 그날은 선약이 있어서 못 나갈 것 같아. 연락해줘서 고마워. 다음번에 만나자."
　"오늘은 술을 마시고 싶지 않아서…. 말해줘서 진짜 고마워. 다음번에는 내가 만나자고 연락할게."

　거절은 길게 설명하지 않아도 되고, 다른 핑계를 대지 않아도 괜찮아요. 정중하면서 간략하게 전달하는 것만으로 충분해요. 이런 방식에 대해 우려를 표하는 사람들도 있어요.

"그렇게 말해봤자 아무 소용이 없을 거다."혹은 "그렇게 말한다고 해서 상대방이 '그래, 알겠어'라고 기분 상해하지 않을 수 있을까? 바로 이해해줄까?"이런 의문들이지요. 해보지 않고 걱정부터 하는 것은 좋은 방향이 아니에요. 그리고 충분한 연습도 필요합니다. 나의 태도가 바뀐다고 주변 사람들이 순식간에 달라질 거라는 기대도 내려놓으세요. 주변 사람들로부터 '아, 저 사람은 된다고 할 때가 있고, 아닌 것은 아니라고 하는 사람이야'라는 인식이 자리잡혀 갈 때에야 비로소 당신의 목소리가 힘을 가질 수 있게 돼요. 그래서 충분한 연습과 시간이 필요합니다. 그러면 점차 능숙해질 거예요.

무엇보다 가장 중요한 것은 자신의 마음과 감정을 소중하게 여기는 거예요. 나를 존중하고 타인과의 관계에서도 적절한 거리를 유지하면서 서로를 존중하는 것이 바로 건강한 인간관계의 시작이기 때문이에요. 부부 사이에서도 예외는 아닙니다. 여러분의 삶에 자기 주장과 거절이 필요한 순간이 분명히 있을 거예요. 그럴 때마다 이 내용이 도움이 되었으면 좋겠어요. 그리고 서서히 자신을 아껴주고 스스로를 소중하게 여기는 법을 익혀나가시길 바랍니다.

'남편, 아내'라는

이름을 잃지 않는다

　종종 다른 사람에게 내 배우자를 소개해야 할 때가 있지
요. 그럴 때 독자분들은 어떤 단어로 배우자를 소개하시나
요? 아내분들은 '남편'이나 '신랑'이라는 단어를 쓰거나 남편
분들은 '와이프', '마누라', '아내' 정도의 단어를 쓰실 겁니다.
저는 아내를 지칭할 때 '와이프'라는 말을 잘 안 씁니다. 제가
어떤 자리에 가서 "제 아내예요"라고 소개하면 그 단어를 굉
장히 낯설게 여기는 사람이 많다는 것을 어느 순간 관찰하게
되었어요. 제가 '와이프' 대신 '아내'라는 단어를 쓰는 이유는
훨씬 따뜻하기 때문이에요. '아내'라는 예쁜 말을 두고 외래

어인 '와이프'를 쓸 이유가 없다는 생각도 들었고요.

누군가를 부르거나 나타내는 호칭은 그 사람을 내가 어떻게 대하고 있는가 혹은 남들이 나를 어떻게 생각할까를 고려해서 결정되는 경우가 많아요. 한국의 남편들은 보통 누군가에게 자신의 결혼한 배우자를 소개할 때 '와이프'라고 지칭하는데 여기에는 나름대로의 이유가 있어요.

예부터 아내를 살뜰하게 챙기는 남자를 팔불출이라거나 아내 기에 눌려 산다 혹은 잡혀 산다고 표현해왔어요. 아내를 아끼고 사랑하는 남편의 마음을 비하하는 말이지요. 어쩌면 남편들의 권위적인 답습이 남아있는 문화에서 나온 표현이겠지요. 어쨌든 그것은 옛날 농사지을 때의 이야기이고 지금은 그렇지 않지요. 우리가 외래어를 쓸 때는 정서를 담지 않는 경우가 많아요. 한글로 된 소설을 읽으면 눈물이 막 흐르지만, 똑같은 소설을 영문으로 읽으면 네이티브가 아닌 이상 그 정서를 다 온전히 느끼지 못해요. 그래서 외래어를 쓸 때는 감정이 배제돼 있는 경우가 많습니다.

다른 사람에게 아내를 "제 와이프예요"라고 소개하는 것은 내가 상대방에게 많은 감정을 담고 있지 않다는 것을 상징해요. 여전히 남편이 자신의 아내에게 감정을 담는 것을 되게 쑥스럽고 부끄럽게 여기는 것이지요.

🍃 아이의 이름을 붙여 부른다면

부부 관계를 알려면 서로가 어떻게 부르는지를 보면 됩니다. 자녀가 있지만 서로 남편과 아내로 부르는 부부가 있고, 자녀의 이름을 붙여서 '○○아빠, ○○엄마'라고 부르는 부부가 있어요. 이것은 꽤 큰 차이예요. 앞선 부부는 내 배우자를 남편 혹은 아내로 생각하는 것이고, 후자의 부부는 누구의 아빠와 누구의 엄마라고 인식하는 거죠. 이분들은 자신들에게 있어서 배우자보다는 아이를 더 중요하게 생각할 가능성이 높지요. '내 아이를 책임지는 사람'이라는 인식이 그 안에 담겨 있는 거죠. 물론 호칭이 부부 관계를 상징하는 전부는 아닙니다. 드리고 싶은 말은, 부부는 온데간데없고 자녀를 양육하는 사람들만 남지 않기를 바라는 마음이라는 것입니다. 남편과 아내가 아닌 누구의 아빠, 누구의 엄마만 남지 않았으면 좋겠어요.

제가 부부 치료를 전문으로 하는 의사이다 보니 무엇보다 부부 관계가 더 중요하다고 생각해요. 자녀는 행복한 부모를 보며 화목한 부부의 상을 정립해 나갑니다. 아이를 서로 잘 키우기 위해서 다투면 순서가 바뀐 거예요. 부부의 역할은, 다시 말해 엄마, 아빠가 명심해야 할 것은 '우리 부부가 얼마나 화목하고 다정한 모습을 자녀에게 많이 보여주느냐'가 아이에게 가장 큰 교육이라는 것입니다. 아이의 인생을 잘 살게 해주겠다며 서로 '이렇게 해야 돼, 저렇게 해야 돼' 하며 싸우는 것은 아이의 인생을 더욱 불행하게 만들 뿐입니다. 눈앞의 작은 것을 얻기 위해 크고 소중한 것을 잃는 것이지요.

사실 와이프든, 누구의 엄마, 아빠든 호칭은 아무래도 상관없어요. 괜찮아요. 다만, 남편과 아내라는 이름은 잃지 않았으면 좋겠습니다.

감정의 표현 방식을 배운다

"왜 갑자기 짜증이야?"

"지금 나한테 왜 화내는 거야?"

가까운 사람과 함께 시간을 보내다 보면 가끔 이런 말을 주고받을 때가 있습니다. 내가 이런 말을 하게 될 때도 있지만 반대로 듣게 되는 경우도 흔히 있어요. 그런데 가만히 생각해 보면 우리는 왜 가장 가까운 사람에게 이렇게 갑작스럽게 분노를 느끼게 되는 걸까요? 시간이 지나서 그 순간을 되돌아보면 그토록 화를 억제하지 못했던 이유가 과연 무엇이었을까요?

🍃 감정의 폭발과 다툼의 패턴

먼저 남편이자 두 아이의 아빠인 한 남성의 사례를 살펴보겠습니다. 남성은 회사에서 퇴근하려던 찰나에 갑작스럽게 저녁 약속이 생겼어요. 그래서 아내에게 전화를 걸었죠.

"여보, 갑자기 저녁 약속이 생겼어, 저녁 먹고 들어갈게."

아내는 기분 좋게 "어, 그래. 밥 잘 먹고 너무 늦지 마"라면서 전화를 받았습니다. 남편은 약속을 마치고 늦지 않게 집에 들어갔지만 아내의 표정이 심상치 않다는 것을 느꼈어요. 남편은 뭔가 잘못되었다는 것을 직감하고 아내의 눈치를 살피기 시작했죠. 그때 아내가 갑자기 쏘아붙입니다.

"아니, 지난주에도 갑자기 저녁에 약속 잡지 않았어? 이번 주 토요일도 모임 있다고 나간다며. 당신은 맨날 밖에서 놀기만 하잖아."

아내의 날카로운 말들이 점점 더 큰 소리로 남편에게 전해졌고, 당황한 남편도 가만히 있을 수 없어서 이렇게 말합니다.

"그래서 전화도 했고 아까는 기분 좋게 받았잖아. 갑자기 왜 이래? 네가 싫어했으면 저녁 먹고 오지 않았겠지. 왜 갑자기 태도가 이랬다 저랬다야! 이게 그렇게 화낼 일이야?"

그러자 아내가 울먹이면서 소리를 쳤어요.

"이 상황에서 내가 화 안 나겠어?"

이 대화는 결국 두 사람 모두에게 상처를 입힌 채 끝이 나고 맙니다.

상황은 조금씩 다를 수 있겠지만 가까운 관계에서 갑작스러운 감정의 폭발로 다툼이 일어나는 패턴은 누구나 한 번쯤 겪어봤을 거예요. 갑작스러운 화, 이게 정말 화낼 일인가를 묻는 상황, 또 상대방이 자신의 감정을 이해하지 못해 더 화가 나는 이러한 순간들 말이에요. 그렇다면 아내는 왜 이렇게까지 소리치며 화를 냈을까요? 아내의 마음을 들여다보고 더 나은 표현 방법은 없었는지 함께 고민해볼까요?

남편에게서 저녁 약속이 생겼다는 연락을 받았을 때 아내는 이미 저녁 준비를 하고 있었어요. 그 후 첫째 딸에게 전화를 걸어서 이렇게 물었지요.

"딸, 언제 와?"

그러자 첫째는 오늘 친구들과 약속이 있어서 늦게 올 거라고 말했어요. "아니, 왜 미리 이야기 안 했어?" 하고 물었지만 딸은 답답하다는 듯이 대답했지요.

"며칠 전에 말했잖아! 끊어. 이따 봐."

딸과의 통화가 끝나자 아내는 기운이 쭉 빠집니다. 다시 마음을 가다듬고 저녁을 준비하던 중 마침 둘째 아들이 학원을 마치고 집에 돌아왔어요. 그런데 이 녀석도 이미 친구들과 분식집에서 저녁을 먹고 왔다는 게 아니겠어요? 아내는 최근 들어 자신이 가족들에게 점점 소외되고 있다는 생각에 사로잡혀 있었어요. 이런 감정에 내심 힘들어하고 있던 차에 오늘 저녁, 가족들로부터 완전히 외면당한 것 같은 느낌이 들고, 갑작스럽게 쏟아지는 외로움과 서운함에 휩싸였던 거예요. 이것 때문에 남편과 큰 다툼이 벌어지게 된 거지요. 아내의 갑작스러운 분노는 단순히 남편의 저녁 약속 때문이 아니죠. 가족들과의 관계에서 느낀 이 소외감과 외로움이 오랫동안 쌓인 결과였던 거예요. 이러한 감정의 폭발은 우리가 흔히 겪을 수 있는 상황이면서 이로 인해 가족 간의 갈등이 깊어질 수 있어요.

🍃 내면 깊숙이 숨겨진 감정의 비밀

우리의 감정은 크게 2가지로 나눠볼 수가 있어요. 바로 1차 감정과 2차 감정이에요. 하나씩 살펴볼게요.

1차 감정이란, 특정 상황에 대한 우리의 본능적이고 즉각적인 감정 반응을 말하는 거예요. 이는 우리의 진심 어린 내

면을 반영한 기쁨, 행복, 만족감과 같은 긍정적인 감정이나 두려움, 외로움, 상실감과 같은 부정적인 감정들이 1차 감정에 속해요. 이러한 감정들은 우리 내면에서 가장 순수한 형태로 나타나지요.

반면에 2차 감정은 1차 감정 뒤에 이어지는 감정으로 있는 그대로의 감정이 아니라 가공된 감정이라 할 수 있어요. 주로 부정적인 1차 감정에 대한 방어 기제로 인해 발생을 하고요, 화나 분노와 같은 형태로 표현돼요. 즉 2차 감정은 1차 감정을 숨기고 방어하려는 우리의 무의식적인 반응인 셈이지요. 우리가 1차 감정과 2차 감정을 구분하려는 이유는 관계를 손상시키는 대화에서 반복되는 문제가 바로 이 두 감정의 차이에서 비롯되기 때문이에요. 우리는 종종 진짜 중요한 1차 감정을 제대로 표현하지 못하고, 대신 2차 감정으로만 소통하는 경향이 있어요. 가까운 사람들과의 관계에서 진솔한 감정 소통이 이루어지려면 근본적인 1차 감정을 드러내야 하지만 2차 감정이 그 과정을 방해하지요.

앞서 언급한 부부의 사례를 통해서 이 문제를 조금 더 깊게 들여다볼게요.

이 예시에서 아내가 이날 남편에게 진정으로 하고 싶었던 이야기는 요즘 가족들에게서 느끼는 소외감과 외로움으로 인한 고통이었습니다. 아내는 자신이 가족들에게 버려졌다는 느낌에 상처받았고, 그것 때문에 더욱 힘들어졌다는 감정을 남편에게 전하고 싶었어요. 외로움 상실감, 그리고 가족과 더 가까워지고 싶은 마음이 바로 아내의 1차 감정이었어요. 하지만 이러한 솔직한 감정이 남편에게 제대로 전달됐을까요? 그렇지 않죠. 남편이 느낀 것은 아내의 분노뿐이었어요. 남편은 아내가 단지 자신이 저녁을 먹고 늦게 들어온 것 때문에 화가 난 것이라고 받아들였고, 이 정도로 화낼 일인가라는 생각만 하게 됐죠. 화는 오히려 관계를 멀어지게 만드는 감정일 뿐 가깝게 만들어주지는 않아요.

🌿 감정은 어떻게 전달해야 할까

그렇다면 이런 상황에서 어떻게 감정을 전달하는 것이 좋을까요?

중요한 것은 바로 앞서 말한 1차 감정을 솔직하게 전달하는 것이에요. 예를 들어, 이렇게 말해 볼 수 있겠죠.

"요즘 당신도 그렇고 아이들도 나에게 너무 무관심한 것 같아. 그래서 요즘 굉장히 외롭고 마치 혼자 남겨진 것 같은 느낌이 들어서 많이 힘들어. 당신이 좀 더 나에게 신경 써주고 내 옆에 더 있어줬으면 좋겠어. 함께 시간을 더 많이 보내면 내가 행복할 것 같아.”

이러한 방식으로 대화한다면 남편은 아내가 요즘 얼마나 외로웠는지 그리고 자신이 무관심했을지도 모른다는 사실을 깨닫게 될 거예요. 그 결과 자연스럽게 앞으로 더 함께 시간을 보내야겠다는 마음이 생길지도 모르죠. 진심이 통한다는 말이 바로 이런 이유에서 나온 거예요. 2차 감정은 우리를 멀어지게 만들지만 1차 감정의 표현은 관계를 더욱 가깝게 만드는 강력한 힘이 있어요.

요약하면 ‘첫 번째, 우리의 감정은 진짜 감정인 1차 감정과 1차 감정을 가리는 2차 감정으로 구분할 수 있다. 두 번째, 2차 감정은 관계를 멀게 만들고 1차 감정은 관계를 가깝게 만든다. 마지막으로 세 번째, 상대방에게 화가 날 때 이를 표현하기보다는 내 마음에서 화가 나기 전 무엇을 느꼈는지 생각해보고 이를 진솔하게 표현하는 것을 시도해 봤으면 좋겠다’입니다.

가까운 사이일수록 상대방에게 실망하거나 화가 나는 일

이 굉장히 많죠. 사실 아주 자연스러운 일이에요. 상대방에게 기대하는 것이 많기 때문이지요. 기대만큼 상대방이 해주지 못할 때 우리는 실망하고 화가 나지만 이 화가 우리의 중요한 감정을 가리고 있다는 점을 꼭 기억하면 좋겠습니다. 우리의 마음속 깊이 숨겨진 기대와 함께하고 싶은 마음을 더 진솔하게 표현해 봤으면 좋겠어요. 감정 표현의 방식을 조금씩 바꿔나간다면 소중한 이들과의 다툼이 줄어들고 더 가까워질 수 있거든요.

쉽게 상처받는
마음을 내려놓는다

우리 삶에서의 고통은 인간관계에서 기인하고 우리의 행복도 결국 인간관계에서 얻어지기 마련입니다. 제가 진료실에서 가장 많이 만나는 어려움이 무엇일까요?

"아내와 자주 다퉈서 너무 우울해요."

"직장 상사가 이랬다 저랬다 해서 공황 증상이 다시 생겼어요."

"요즘 아이가 사춘기라서 그런가 반항을 심하게 해요. 제가 심장이 두근대서 불면증이 생겼어요."

이렇게 하소연 하는 사람들의 공통점은 얼핏 보면 '우울증, 공황장애, 불면증'처럼 보이지만 실상은 인간관계에서 어려움을 겪는 분들이라는 거예요. 즉 사람에게 상처받은 것이 공통점이지요. 우울증도, 불안도, 강박도 결국 사람에게 상처받은 마음 때문에 시작되는 일이 허다해요. 우리는 오늘날 기술에 힘입어서 그 어느 때보다 수월하게 인간관계를 맺을 수 있게 되었지만, 동시에 그 어느 때보다 인간관계의 고통을 강하게 느끼는 시대에 살고 있는 것 같기도 합니다.

인간관계의 중요성을 이해하기 위해서는 인류의 역사를 되돌아볼 필요가 있어요. 인류학 연구에 따르면 초기 인류는 무리를 이루며 생활을 했지요. 사회적 유대를 잘 맺는 방향으로 오랜 세월 진화했어요. 과거 인류는 최고 포식자가 아니었기 때문에 개인으로 생활하면 생존하기가 많이 어려웠기 때문이죠. 우리 조상들이 생존에서 가장 중요하게 여겼던 것은 먹을 것을 구하지 못하거나 호랑이에게 물려가는 것이 아니었어요. 결국 생존에 가장 직결되는 것은 무리에서 떨어져 나가냐, 내가 무리에 잘 붙어 있느냐 하는 것이었습니다. 무리 생활을 하면 생존율이 올라가고 무리에서 떨어지는 것은 죽음과도 같았지요.

이를 위해서 우리는 인간관계에 민감하게 반응하는 뇌 부위가 발달되었고 생존에 직결되기 때문에 대인관계의 실패에 큰 고통을 느끼게끔 점차 바뀌어 왔습니다. 그러한 오랜 시간의 변화가 지금도 우리에게 여전히 남아 있기 때문에 인간관계에 다들 큰 마음고생을 짊어지고 살게 되었어요.

현대 사회에서 인간관계는 더욱 복잡하고 다양한 형태로 나타나고 있죠. 앞에서 언급한 우리의 과거 인류는 평생 관계를 맺는 무리의 숫자가 100명, 많아도 150명 정도였어요. 하지만 지금은 수없이 대화가 오고 가는 단톡방만 해도 150명씩 참여하고 있죠. 이런 대화방이 수십 개씩 있잖아요. 이처럼 디지털 시대의 도래와 함께 우리는 온라인과 오프라인에서 수많은 복잡한 인간관계를 맺고 있어요. 이러한 관계들은 우리의 정서적 안정감, 자아 정체성 형성, 그리고 사회적 지위와 밀접하게 연관이 되어 있어요. 사회심리학적 연구에 따르면 안정적인 인간관계는 스트레스를 감소시키고 건강한 정신 상태를 유지하며 심지어 수명을 연장시키는 것과도 밀접한 관련이 있다고 결과가 나와 있어요.

우리 일상 생활의 가장 큰 스트레스를 곰곰이 살펴보면 결국 사람과 사람 사이의 문제들이에요. 부부의 갈등, 자녀와의 갈등, 직장 동료 및 상사 스트레스 등 말이죠. 한 연구에 따르면 직장 내 인간관계가 직무 만족도에 큰 영향을 미친다고 합니다. 업무 자체의 난이도나 복잡성보다는 동료나 상사와의 관계가 직업적 행복이나 이직에 더 큰 영향을 끼치는 것이지요. 결국 사람이 싫어서 스트레스를 받고 결국 일을 그만두게 되는 것처럼 인간관계는 사람들에게 정말 중요한 주제예요.

혹시 독자분들 중에 가정에서나 직장에서 '나는 왜 이렇게 다른 사람들 때문에 상처를 쉽게 받을까' 하는 고민을 하신다면 이를 조금은 내려놓아도 좋을 것 같습니다. 독자분뿐 아니라 대부분의 사람들은 타인과의 관계에 민감하고 상처를 쉽게 받아요. 남들에게 매번 꺼내놓지 않을 뿐이지요. 그리고 만약 내가 인간관계에 예민한 사람이라고 느낀다면 남들과의 관계를 소중히 여기는 사람이라는 이야기이기도 해요. 남에게 기대하는 게 별로 없는 사람은 상처도 덜 받지요.

건강한 인간관계를 가지기 위해 중요한 것은 많은 사람들과 좋은 관계를 유지하려고 애쓰지 않는 것입니다. 사람을 행복하게 만드는 것은 넓은 인간관계가 아닌 깊은 인간관계에서 나와요. 썩 내키지도 않는 사람들과 좋은 관계를 맺으려고 너무 애쓰지 말고 소수의 기분 좋은 사람들과 자주 교류하면서 즐거운 시간을 더 많이 보내시기를 추천합니다.

다른 사람과 비교하지 않는다

행복은 사실 굉장히 상대적인 거예요. 우리는 주변 사람들과 비교하면서 내가 어느 위치에 있는지를 보게 되죠. 학교 성적을 예로 들어볼까요? 이번에 수학 시험에서 100점 만점에 50점을 받았어요. 근데 다른 친구들은 30~40점밖에 못 받은 거예요. 그럼 저는 굉장히 시험을 잘 본 거죠. 50점이라서 큰일 났다고 생각했는데 다른 친구들과 비교해 보니 내가 잘 본 축에 속해서 갑자기 안심이 되고 다행이라는 마음이 듭니다.

그런데 예를 들어서 90점을 받았어요. 신나는 마음에 다른 친구들에게 물어보니 대부분 100점을 받은 거예요. 나는 굉장히 잘했다고 생각했는데 기분이 어떨까요? '왜 이거밖에 못 받았을까? 난 왜 이거밖에 안 되지?' 하며 우울하겠지요. 이처럼 행복이라는 것은 절대적인 게 아니라 지극히 상대적인 것입니다. 내가 지금 어떤 위치에 있는지 내 주변 사람들과 비교하면서 안도하거나 불안해하는 거거든요.

요즘은 더군다나 비교 대상이 굉장히 많아요. 남들과 쉽게 비교를 할 수 있죠. SNS를 보면 사람들의 행복한 순간을 쉽게 접할 수 있어요. 내가 얼마나 좋은 식당에서 식사를 했는지, 얼마나 좋은 여행지를 갔는지, 얼마나 가족들과 행복한 시간을 보냈는지, 얼마나 근사한 프로포즈 혹은 선물을 받았는지에 대해 경쟁적으로 포스팅을 해요. 그런 사진이나 영상들을 보며 우리는 어떤 생각을 하나요?

'쟤는 저렇게 사는데 나는 뭐지?'

'난 불행한데 저 사람은 매일 행복해 보이네. 질투 나.'

'돈 없다면서 매일 좋은 데만 다니네. 애인이 돈 잘 쓰나 보다. 부럽다.'

상대적으로 나는 굉장히 불행한 사람처럼 느껴지죠. 여기에는 굉장한 맹점이 있어요. 사람들은 SNS에 아주 일상적인 것을 올리는 게 아니에요. 아무 일도 없이 넘어갔던 주말, 스트레스를 받으면서 일한 지친 하루와 같은 것들은 SNS에 올리지 않아요. 가장 좋은 것들만 공유하지요. 예전에 비해 사람들이 더 불행해진 게 아니에요. 비교를 통해서 쉽게 불행해질 수 있는 사회에 우리가 살고 있는 거죠.

🍃 생략되어 있는 많은 것들

요즘 사람들은 남들에게 뒤처지지 않아야 한다는 생각에 다들 조바심이 나 있는 것 같아요. 경쟁적으로 내가 뒤떨어지지 않기 위해서, 불행해지지 않기 위해서 다들 조바심이 나 있지요. 마음의 여유가 다들 없는 거예요. 그런데 이 과정에서 많은 것들이 생략돼 있다는 것도 우리는 알아야 해요.

집을 마련하기 위해서 어떤 사람이 젊은 시절부터 열심히 일해서 얼마나 많은 돈을 저축하고 모았는지에 대해서, 괜찮은 투자를 하기 위해서 얼마나 많은 경제와 금융 공부를 했는지에 대해서, 좋은 직업과 현재의 연봉을 얻기 위해서 얼마나 많이 공부하고 노력했는지에 대해서, 괜찮은 회사를 만들어 내기 위해서 얼마나 수없는 밤을 새우고 시행착오를 거쳐왔는가에 대해서는 생략되어 있어요. 우리는 누군가가 얼마나 많은 돈을 벌었는지에 대해서만 관심이 있지 그 사람이 그것을 이루기 위해서 얼마나 많은 에너지와 시간을 들였는지, 얼마나 많이 노력했는지에 대해서는 잘 모릅니다. 숫자는 굉장히 쉽게 보여요. 하지만 숫자만 보는 것은 우리를 굉장히 불행하게 만들죠. 우리가 진짜 봐야 할 것은 숫자의 이면에 숨겨져 있는 개인의 노력과 시간이라는 거예요.

🍃 비교는 '이렇게' 하세요

그렇다고 해서 남과 비교하지 말고 지금 멈춰서 하고 있는 것에만 만족하고 머물라는 이야기를 하고 싶은 것은 아니에요. 오히려 남에게 가 있는 시선을 자신에게로 돌려서 내가 좋아하는 것, 내가 잘할 수 있는 것, 내가 하고 싶은 것들을 찾아 나가보세요. 더 앞서나가고 더 괜찮게 지내기 위해서 해야 할 것들을 더 많이 생각해보자는 거죠. 남들과 비교하면 나의 부족한 점을 수없이 찾아낼 수 있거든요. 한 명과만 비교하는 게 아니잖아요. 스마트폰을 켜서 찾을 수 있는 모든 사람과 나를 비교하다 보면 당연히 불행해질 수밖에 없어요. 그래서 강조하고 싶은 것은 우리는 다른 누군가가 아닌 나 자신과 비교를 해야 한다는 점이에요.

어제의 나와 비교해서 오늘의 내가 조금 더 괜찮아진다면 지난달에 내가 결심한 것을 실천하면서 이번 달에 내가 좀 더 괜찮아진다면 작년에 나와 비교해서 내가 훨씬 더 괜찮은 사람이 되고, 내가 목표한 것을 하나하나 이루어 나가는 사람이 되어가는 과정이라면 이것은 정말 괜찮은 비교가 되는 거죠. 남들과 비교하는 것이 아니라 예전의 나와 비교를 해야 우리는 행복에 조금 더 다가갈 수가 있습니다. 나의 목표와 신념을 위해서 하루하루 나아가는 어제의 나와 오늘의 나를 비교하면 충분해요.

🌿 행복은 결과가 아니라 과정에 있다

저는 행복이 결과가 아니라 과정에 있다고 생각합니다. 예전에 어디든 여행을 떠났던 기억을 떠올려 볼까요? 여행에 관해서는 굉장히 즐거운 기억이 많죠. 하지만 정말 행복한 순간이 여행의 목적지에 다다랐을 때 생기던가요? 우리가 진짜 여행에서 오랫동안 기억에 남고 즐겁고 행복했던 시간은 목적지에서 우리가 누렸던 즐거움이 아니에요. 그 목적지까지 가는 도중에 들렀던 예쁜 가게, 분위기가 좋았던 카페, 함께 여행하는 사람과 나눴던 대화, 같이 찍었던 사진, 중간중간에 만났던 어떤 사람들, 길고양이들이나 산책 나오는 강아지들, 풍경들… 저는 그런 것들이 꽤나 오랫동안 기억에 남거든요. 오히려 목적지가 어디였는지 기억도 잘 안 나는 것 같아요. 제가 오랫동안 그 여행이 정말 행복했다고 생각하는 이유는 그 과정에서 만났던 기분 좋은 순간순간들이 모였기 때문이에요. 어쩌면 행복이란 건 그런 것 같아요.

🍃 배우자에게 비교하는 말은 금지

한동안 '벼락 거지'라는 말이 유행했습니다. 남들의 자산 가치가 크게 올라가면서 상대적으로 내가 가진 자산 가치가 별 볼 일 없어졌다는, 즉 짧은 순간에 거지가 된 것 같다는 의미로 쓰인 단어였지요. 굉장히 슬픈 이야기예요. 아주 불행하다는 이야기지요. '왜 나만 이렇게 됐을까, 왜 나만 이렇게 가난해졌을까'라는 생각과 다르지 않아요.

"제 지인 남편은 코인 투자를 해서 짧은 기간에 아주 많은 돈을 벌었대요. 그런 소식을 들으면 '우리 남편은 뭐 하나' 싶어서 속상합니다."

"제 친구는 이번에 집값이 많이 올랐다더라고요. 저는 돈
도 없고, 재미도 없고 인생을 왜 사나 하는 허무함이 들어요."

"그동안 열심히 일하고 최선을 다해서 살았는데 요즘에는
저 빼고 다들 부자로 사는 것 같아요. 다들 쉽게 쉽게 돈 버는
것 같은데 왜 나만 이렇게 고생하며 사나 싶어서 우울해요."

최근 진료실에서 이런 말씀을 하시는 분들이 크게 늘었습
니다. 이런 것을 상대적 박탈감이라고 하지요. 나만 못 가졌
다는 생각이에요. 이 말은 현재를 사는 개인들이 얼마나 불
행하다고 여기는지를 알 수 있습니다. 하지만 앞서 말했듯이
남에게 향하는 시선을 거두어 나와 우리 가정으로 관점을 옮
기는 것이 비교병에서 벗어날 수 있는 길이에요.

내 배우자에게도 같은 관점이 적용됩니다. 다른 집 남편
혹은 아내와 내 배우자를 비교해서 얻는 이익이 무엇인가요?
아무것도 없습니다. 다른 집은 투자를 잘해서 큰돈을 벌었고
그것에 상대적 박탈감을 느껴 불행해하기보다는 우리 부부
만의 목표를 세우고 그 목표에 다가가는 과정을 즐기며 우리
부부만의 행복을 느끼며 살면 됩니다.

결혼은 내 편을 만들어 가는 과정임을 안다

결혼을 앞둔 친구가 "결혼 생활 어때?"라고 물으면 뭐라고 답하시겠어요? 한국 문화에서 다음과 같은 답변을 심심치 않게 듣지요?

"야, 결혼하지 마. 더 놀고 나중에 결혼해. 아니다, 너는 하지 마."

또 미혼인 친구들은 이런 조언을 하기도 합니다.

"주변에 결혼해서 행복한 사람을 본 적이 없어. 죄다 힘들게 살더라."

실제로 통계청에서 발표한 2022년 혼인 통계를 살펴보면 조혼인율(인구 천 명당 혼인 건수)이 3.7건으로 역대 최저치를 기록했어요. 2023년도 3.8건으로 크게 다르지 않아요. 불과 10년 전만 해도 6.5건이었으니 거의 반토막이 났지요. 20대 후반에서의 혼인 건수 감소 폭도 마찬가지입니다. 특히 젊은 연령층에서 결혼을 하지 않는 추세가 점점 더 심해지고 있어요.

🍃 젊은 세대가 결혼하지 않는 이유

'나 혼자 산다'라는 예능 프로그램을 즐겨 보시나요? 방영을 시작한 지 10년이 넘었지만 여전히 많은 사람으로부터 사랑받는 프로그램이지요. 혼자 사는 누군가의 삶을 관찰하면서 얼마나 자유롭고 재미있게 사는지를 엿볼 수 있어요. 뿐만 아니라 요즘 자취 브이로그라든지 혼술(혼자 술을 마시는 것), 솔캠(솔로 캠핑) 영상들이 인기가 굉장히 많아요. 이처럼 혼자 사는 사람의 자유로움이 느껴지는 영상이 인기를 끄는 이유도 혼자 사는 것에 대한 로망과 사회 현상이 맞물린 영향 때문이라고 생각해요.

그러면서 결혼에 대한 견해도 빠르게 바뀌고 있어요. 통계청 자료를 보면, 2년 전과 비교해 '결혼을 해야 한다'라는 의견은 감소하고 '결혼은 해도 좋고 안 해도 좋다'라는 의견은 증가했음을 알 수 있어요. 특히 40대 이하에서는 이미 과반이 '결혼은 선택'이라고 답변했어요. 이렇게 젊은 세대가 결혼을 하지 않는 이유는 무엇일까요?

가장 큰 이유는 '결혼 자금이 부족해서'인데 다른 이유들에 비해 압도적으로 많은 비율을 차지했습니다. 돈이 부족해서 결혼하기 어렵다고 생각하는 것이지요. 그 뒤로는 '결혼 시 고용이 불안정해져서' 그리고 '결혼의 필요성을 느끼지 못해서' 순으로 나타나고 있어요. 결혼을 안 하겠다고 생각하는 사람들도 많지만, 돈이나 직장 등 현실적인 여건 때문에 할 수 없다고 생각하는 사람들도 많다는 것을 확인할 수 있어요.

🍃 비혼 결심은 무책임이 아니다

과거에는 결혼을 인생의 과업으로 인식했지만, 요즘은 점차 선택하는 방향으로 바뀌고 있어요. 명절이면 오랜만에 만난 친척 어르신이 "너 결혼 왜 안 해?"라고 물어보는 경우는 있어도 "너 결혼 왜 해?"라고 물어보지는 않죠. 이것이 '결혼은 당연히 해야 한다'라는 인식을 전형적으로 보여주는 질문이라고 할 수 있어요. 이런 사회적인 분위기가 '결혼을 안 하는 게 잘못된 것일까? 취업하고 연애하고 결혼하는 정형화된 순서를 만족시키지 못하면 부족한 사람인가?'라는 고민을 낳기도 해요.

결혼을 안 하는 것이 무책임하다거나 문제가 되는 것은 아니에요. 진짜 문제는 결혼을 했음에도 불구하고 배우자로서의 역할에 무책임한 것이지요. 결혼을 했는데 "나는 결혼 전과 똑같이 살 거야. 내가 집에 들어오고 싶을 때 들어오고, 하고 싶은 것도 다 내 맘대로 할 거야. 그러니까 간섭하지 마"라고 말하는 사람이 부족한 사람이고 결혼 생활을 이어 나갈 준비가 되지 않은 거지요.

결혼 후에도 혼자서 지낼 때와 삶이 전혀 달라지지 않을 거라면 혼자 사는 것이 맞아요. 준비되지 않은 결혼을 해서 무책임한 결혼 생활을 하는 것보다는 책임질 준비가 되었을 때 비로소 결혼하는 것이 훨씬 낫지요. 비혼을 결심한 사람이 무책임한 게 아니에요. '나는 이러한 이유들 때문에 결혼하지 않고 지내기로 했어'라는 것은 자신의 삶과 파트너에게 책임을 지는 태도예요.

미혼인 분들이 결혼을 생각했을 때 두려움을 느끼는 것은 당연합니다. 안 해본 것이기도 하고, 인생이 달라지는 중요한 일이라 한 번 했으면 물리기도 어렵잖아요. 생각의 전환이 필요한 부분이에요. 결혼이 '내가 다른 사람의 인생을 책임져야 한다. 나는 상대방에게 의지하고 무엇이든 둘이 함께 해야 한다'라는 생각은 결혼에 대한 부담감만 크게 만들 뿐이에요.

🍃 결혼을 하든 안 하든 당당하고 즐겁게

부부는 동반자라고 생각해야 해요. 즉 함께 가는 사람들이지요. 같이 즐거운 것을 나누고, 나중에 함께 이야기할 수 있는 추억을 더 많이 만들고, 서로를 응원해주는 믿음직한 내 편을 만들어 가는 삶의 새로운 과정이에요.

더 나아가서 비혼을 결정한 분들이 결혼한 사람들을 매도하는 것도 좋은 모습은 아니에요. '대체 저 사람들은 결혼을 왜 하는 거야? 혼자 사는 게 제일 편한데 왜 저렇게 책임질 것들을 만들어 내는 거야?' 이러한 의견 또한 같은 이유로 건강하지 못한 생각입니다. 결혼하지 않는다는 결정을 존중받기 위해서는 결혼을 결정한 사람들의 선택도 존중해야 하는 게 당연해요. 결혼, 비혼은 생각이 서로 대척점에 있는 것이 아니라 개인의 가치관에 기반한 삶에서의 중요한 결정이에요.

소설가 무라카미 하루키의 수필에 실린 내용인데요. 무라카미 하루키의 친구인 미즈마르 화백의 딸 결혼식에 보낸 축사의 내용이에요.

가오리 씨 결혼을 축하드립니다.

나도 한 번밖에 결혼을 한 적이 없어 자세한 것은 잘 모르지만 결혼이라는 것은 좋을 때는 아주 좋습니다. 별로 좋지 않을 때는 나는 늘 뭔가 딴생각을 떠올리려 합니다. 그렇지만 좋을 때는 아주 좋습니다.

좋을 때가 많기를 기원합니다.

결혼이라는 것은 정말 그래요. 좋을 때는 아주 좋아요. 우리는 삶에서 가장 중요한 것으로 '행복한 삶'을 꼽곤 해요. 그리고 누군가와 좋은 관계를 맺고 살아가는 것은 행복함을 느낄 수 있는 가장 큰 요소 중에 하나이지요. 그런 관점에서 볼 때 괜찮은 결혼 생활은 행복을 느끼는 꽤 좋은 방법이 될 수 있어요.

결혼은 이제 우리의 선택이라고 생각해요. 결혼을 하는 것도, 하지 않는 것도 그 무엇도 문제가 있다고 생각하지 않았으면 좋겠어요. 결혼을 해서 행복한 사람이 많아졌으면 좋겠

고, 결혼하지 않더라도 당당하고 즐거운 삶을 사는 사람 또
한 많아졌으면 좋겠습니다.

저는 결혼해서 참 좋습니다. 저는 결혼이 필수라고 생각
하지 않아요. 결혼은 각자의 선택이지요. 저는 좋은 남편, 좋
은 아버지가 되는 게 제 삶의 중요한 목표예요. 그래서 결혼
은 제가 신중하게 결정하고 내린 선택이고, 제 목표를 이루
기 위해 항상 노력하고 있어요. 그래서 저는 좋은 날들이 많
습니다.